Anna Stegemann

Informelles Lernen

Identifizierung, Bewertung und Anerkennung informell erworbener Kompetenzen

Diplomica® Verlag GmbH

Stegemann, Anna: Informelles Lernen. Identifizierung, Bewertung und Anerkennung informell erworbener Kompetenzen, Hamburg, Diplomica Verlag GmbH 2008

ISBN: 978-3-8366-6110-2
Druck Diplomica® Verlag GmbH, Hamburg, 2008

Bibliografische Information der Deutschen Bibliothek
Die Deutsche Bibliothek verzeichnet diese Publikation in der Deutschen Nationalbibliografie;
detaillierte bibliografische Daten sind im Internet über
<http://dnb.ddb.de> abrufbar.

Dieses Werk ist urheberrechtlich geschützt. Die dadurch begründeten Rechte, insbesondere die der Übersetzung, des Nachdrucks, des Vortrags, der Entnahme von Abbildungen und Tabellen, der Funksendung, der Mikroverfilmung oder der Vervielfältigung auf anderen Wegen und der Speicherung in Datenverarbeitungsanlagen, bleiben, auch bei nur auszugsweiser Verwertung, vorbehalten. Eine Vervielfältigung dieses Werkes oder von Teilen dieses Werkes ist auch im Einzelfall nur in den Grenzen der gesetzlichen Bestimmungen des Urheberrechtsgesetzes der Bundesrepublik Deutschland in der jeweils geltenden Fassung zulässig. Sie ist grundsätzlich vergütungspflichtig. Zuwiderhandlungen unterliegen den Strafbestimmungen des Urheberrechtes.

Die Wiedergabe von Gebrauchsnamen, Handelsnamen, Warenbezeichnungen usw. in diesem Werk berechtigt auch ohne besondere Kennzeichnung nicht zu der Annahme, dass solche Namen im Sinne der Warenzeichen- und Markenschutz-Gesetzgebung als frei zu betrachten wären und daher von jedermann benutzt werden dürften.

Die Informationen in diesem Werk wurden mit Sorgfalt erarbeitet. Dennoch können Fehler nicht vollständig ausgeschlossen werden, und die Diplomarbeiten Agentur, die Autoren oder Übersetzer übernehmen keine juristische Verantwortung oder irgendeine Haftung für evtl. verbliebene fehlerhafte Angaben und deren Folgen.

© Diplomica Verlag GmbH
http://www.diplomica.de, Hamburg 2008
Printed in Germany

Inhaltsverzeichnis

Darstellungsverzeichnis III

Abkürzungsverzeichnis IV

1. Einleitung 1

2. Das informelle Lernen 6

2.1 DEFINITIONEN UND ABGRENZUNGEN ZU ANDEREN LERNFORMEN 6
    2.1.1 Formales Lernen 7
    2.1.2 Non-formales Lernen 8
    2.1.3 Informelles Lernen 9
2.2 ZUM VERHÄLTNIS ZWISCHEN FORMALEM UND INFORMELLEM LERNEN 11
2.3 FACETTEN DES INFORMELLEN KOMPETENZERWERBS 13
    2.3.1 Informelles Lernen als implizites Lernen 14
    2.3.2 Informelles Lernen als selbstgesteuertes Lernen 17
    2.3.3 Informelles Lernen als Erfahrungslernen 19
    2.3.4 Informelles Lernen im sozialen Umfeld 22
    2.3.5 Informelles Lernen im Prozess der Arbeit 25

3. Identifizierung, Bewertung und Anerkennung informell erworbener Kompetenzen 32

3.1 ZIELE UND ABSICHTEN 32
3.2 VERFAHREN ZUR IDENTIFIZIERUNG UND BEWERTUNG 35
3.3 PROBLEMATIK DER ERFASSUNG UND BEWERTUNG 38
    3.3.1 Heterogenität des Kompetenzverständnisses 38
    3.3.2 Impliziter und kontextueller Charakter des informellen Lernens 41
    3.3.3 Messtechnische Qualität der Verfahrensweisen 43
3.4 ANERKENNUNG INFORMELLER LERNLEISTUNGEN 45
    3.4.1 Konzepte der Anerkennung 45
    3.4.2 Akzeptanz von Kompetenznachweisen 50

4. Anerkennung informell erworbener Kompetenzen in Deutschland 52

4.1 DOMINANZ DES FORMALEN BILDUNGS- UND BERUFSBILDUNGSSYSTEMS 52
4.2 GRÜNDE FÜR DIE HINWENDUNG ZUM INFORMELLEN LERNEN 54
4.3 WEITERBILDUNGSPÄSSE ALS INSTRUMENTE ZUR SICHTBARMACHUNG INFORMELLEN LERNENS. 54
    4.3.1 Gegenstand der Machbarkeitsstudie 55
    4.3.2 Analyse existierender Weiterbildungspässe 56
    4.3.3 Inhaltliche Ausrichtung 57
    4.3.4 Resümee 58
    4.3.5 Der ProfilPASS 58
4.4 BEDEUTUNG INFORMELL ERWORBENER KOMPETENZEN INNERHALB DES FORMALEN BERUFSBILDUNGS- UND HOCHSCHULSYSTEMS 61
    4.4.1 Berufliche Fort- und Weiterbildung 61
    4.4.2 Hochschulsystem 62

4.5 Betrieblicher Kontext 65
4.5.1 Personalrekrutierung 65
4.5.2 Personalentwicklung 66
4.5.3 Beendigung von Arbeitsverhältnissen 68
4.6 Außerbetriebliche Dokumentationsaktivitäten: Die Kompetenzbilanz des DJI und der KAB 69

5. Stand der Anerkennung informell erworbener Kompeten-zen in Europa 73

5.1 Großbritannien: Das NVQ-System mit dem integrierten Verfahren der APL 73
5.1.1 Grundlagen des NVQ-Systems 74
5.1.1.1 Aufbau einer NVQ 75
5.1.1.2 Prüfung 76
5.1.2 Grundlagen des APL-Verfahrens 77
5.1.3 Resümee 80
5.2 Frankreich 82
5.2.1 Das Verfahren der „bilans de compétences" 82
5.2.1.1 Ablauf 83
5.2.1.2 Regularien 84
5.2.1.3 Methoden 86
5.2.1.4 Kritische Stellungnahme 86
5.2.2 Die Verfahren der VAP und der VAE zur Validierung von Kompetenzen 88
5.2.2.1 VAP – validation des acquis professionnels 88
5.2.2.2 VAE – validation des acquis de l'expérience 89
5.2.2.3 Ausblick 91
5.3 Finnland: Das kompetenzbasierte Qualifikationssystem 93
5.3.1 Entstehungshintergrund 93
5.3.2 Anerkennung kompetenzbasierter Qualifikationen 94
5.3.3 Institutionelle Rahmenbedingungen 94
5.3.4 Wege zur Anerkennung 95
5.3.5 Abschließende Betrachtung 97
5.4 Schweiz: Schweizerisches Qualifikationsbuch 98
5.4.1 Entstehung 99
5.4.2 Aufbau des Qualifikationsbuches 100
5.4.3 Aktuelle Bedeutung 101
5.4.4 Ausblick 102

6. Schlussteil 103

Literaturverzeichnis 107

Darstellungsverzeichnis

Darst. 1:	Facetten informellen Lernens	11
Darst. 2:	Betriebliche Lern- und Wissensarten	26
Darst. 3:	Beteiligung an verschiedenen Arten des informellen beruflichen Kenntniserwerbs bei Berufstätigen im Jahr 2003 in der Bundesrepublik Deutschland	28
Darst. 4:	Modelle der Anerkennung „informell erworbener Kompetenzen" (IEK)	46
Darst. 5:	Entstehungshintergrund von Weiterbildungspässen in Deutschland	57
Darst. 6:	Zugangsregelungen zum Hochschulstudium für beruflich Qualifizierte	63
Darst. 7:	Ablauf der Erstellung einer Kompetenzbilanz	70
Darst. 8:	Modularer Aufbau und Definitionsbereiche von NVQs	75
Darst. 9:	Phasen und Kernfragen des APL-Verfahrens	78
Darst. 10:	Anerkennung kompetenzbasierter Qualifikationen	95

Abkürzungsverzeichnis

ABWF	Arbeitsgemeinschaft Betriebliche Weiterbildungsforschung e.V.
ALVAR	Ammattitutkintojen Laadunen VARmistus Qualitätskontrolle kompetenzbezogener Qualifikationen
APEL	Accreditation of Prior and Experiential Learning Akkreditierung von durch Erfahrung erworbenen Kenntnissen
APL	Accreditation of Prior Learning Akkreditierung von früher erworbenen Kenntnissen
BBiG	Berufsbildungsgesetz
BGB	Bürgerliches Gesetzbuch
BIBB	Bundesinstitut für Berufsbildung
BLK	Bund-Länder-Kommission für Bildungsplanung und Forschungsförderung
BMBF	Bundesministerium für Bildung und Forschung
BSF	Bund Schweizerischer Frauenorganisationen
BSW	Berichtssystem Weiterbildung
CBQ	Competence Based Qualifications kompetenzbasierte Qualifikationen
CEDEFOP	Centre Européen pour le Développement de la Formation Professionnelle Europäisches Zentrum für die Förderung der Berufsbildung
CH-Q	Schweizerisches Qualifikationsprogramm zur Berufslaufbahn
DIE	Deutsches Institut für Erwachsenenbildung
DIPF	Deutsches Institut für Internationale Pädagogische Forschung
DJI	Deutsches Jugendinstitut
ECTS	European Credit Transfer System Europäisches System zur Anrechnung von Studienleistungen
GewO	Gewerbeordnung
HRG	Hochschulrahmengesetz

Abkürzungsverzeichnis

HWO	Handwerksordnung
IES	Institut für Entwicklungsplanung und Strukturforschung
KAB	Katholische Arbeitnehmer-Bewegung
KAW	Konzertierte Aktion Weiterbildung
LisU	Projekt „Lernen im sozialen Umfeld"
NALL	New Approaches to Lifelong Learning Neue Ansätze für lebenslanges Lernen
NBA	Nationaler Bildungsausschuss
nBBG	neues Berufsbildungsgesetz
NBE	National Board of Education Nationaler Bildungsausschuss
NCVQ	National Council for Vocational Qualifications Nationaler Rat für berufliche Befähigungsnachweise
NVQ	National Vocational Qualification Nationaler beruflicher Befähigungsnachweis
QCA	Qualification and Curriculum Authority Behörde für Bildungsnachweise und Curriculum
QUEM	Arbeitsgemeinschaft Qualifikations-Entwicklungs-Management
RNCP	Répertoire national des certifications professionnelles Nationales Verzeichnis der Berufsbescheinigungen
SGAB	Schweizerische Gesellschaft für angewandte Berufsbildungsforschung
VAP	Validation des acquis professionnels Validierung beruflicher Kompetenzen
VAE	Validation des acquis de l'expérience Validierung beruflich und außerberuflich erworbener Kompetenzen

1. Einleitung

Im Gegensatz zum formalen Lernen in institutionalisierten Bildungseinrichtungen lässt sich das „informelle" Lernen[1] als eine „natürliche Begleiterscheinung des täglichen Lebens" (Kommission der Europäischen Gemeinschaften 2000, S. 9) bezeichnen, das sich sowohl bewusst als auch unbewusst im unmittelbaren Lebensvollzug der Individuen vollzieht.

Informelle Lernprozesse nehmen in allen Teilen der Welt sowie in allen Entwicklungsstufen der Völker einen herausragenden Einfluss auf die Kompetenzentwicklung. Bereits in den siebziger Jahren wurde im UNESCO-Bericht der Faure-Kommission über „Ziele und Zukunft unserer Erziehungsprogramme" in Bezug auf primitive Gesellschaften festgestellt, dass „diese informellen, nicht institutionalisierten Formen des Lernens und der Lehrzeit (..) in weiten Teilen der Welt [herrschen, Anm. d. Verf.] und (..) dort immer noch die einzige Art der Erziehung von Millionen von Menschen" (Faure et al. 1973, S. 53) sind.

Auch im „Memorandum über Lebenslanges Lernen" der Kommission der Europäischen Gemeinschaften wird die Bedeutung informellen Lernens hervorgehoben, indem darauf verwiesen wird, dass das informelle Lernen die Hauptstütze des Lernens im frühen Kindesalter bilde. Für Dohmen stellt es sogar die „Grundform menschlichen Lernens" (Dohmen 2001) überhaupt dar.[2]

Die Bedeutung informellen Lernens lässt sich ebenso unter quantitativen Gesichtspunkten darstellen: Verschiedene Studien belegen, dass 70 bis 90 Prozent der berufsrelevanten Kompetenzen außerhalb institutioneller Bildungseinrichtungen erworben werden (vgl. Laur-Ernst 2000, S. 161). Auch die Ergebnisse einer kanadischen Erhebung über informelles Lernverhalten[3] weisen in eine ähnliche Richtung: Demnach befassten sich über 95 Prozent der erwachsenen Kanadier mit verschiedenen informellen Lernaktivitäten (vgl. Livingstone 1999, S. 78), während die Teilnahme an organisierten Bildungsmaßnahmen mit 50 Prozent dagegen vergleichsweise gering war (vgl. ebd., S. 75). Zudem lag der für den informellen Kompetenzerwerb aufgebrachte Zeitaufwand mit 15

---

[1] Der Begriff des informellen Lernens wird bis zu seiner präzisen Bestimmung in Kap. 2. naiv verwendet.
[2] Vgl. dazu den Titel seiner Publikation „Das informelle Lernen – Die internationale Erschließung einer bisher vernachlässigten Grundform menschlichen Lernens für das lebenslange Lernen aller" (Dohmen 2001).
[3] NALL-Erhebung: „Neue Ansätze für lebenslanges Lernen" (NALL) bzw. „New Approaches to Lifelong Learning" (vgl. Livingstone 1999, S. 65).

1. Einleitung

Wochenstunden signifikant höher als die für formale Weiterbildungsmaßnahmen erbrachten vier Wochenstunden (vgl. ebd., S. 78).

Wenn sich nun der weitaus größere Teil menschlicher Lernprozesse offenbar außerhalb institutionalisierter Bildungseinrichtungen vollzieht und das Leben somit selbst zum Lehrmeister wird, so erfordert dies ein erweitertes Lernverständnis, das das kompetenzentwickelnde informelle Lernen ausdrücklich einschließt.

Ökonomischer, technologischer und gesellschaftlicher Strukturwandel bewirken, dass berufliche Erfahrungen, Wissensbestände und Qualifikationen in immer kürzeren Zeiträumen veralten (vgl. Bretschneider 2004, S. 1); die Halbwertzeit des Wissens nimmt zunehmend ab. Unter diesem Gesichtspunkt reicht die Aneignung eines Grundlagen- und Fachwissens in formalen Bildungsinstitutionen nicht mehr aus, um mit den kontinuierlichen und alle Lebensbereiche betreffenden Veränderungen Schritt zu halten. Die Leistungsfähigkeit und der Erfolg „klassischer" Lernformen wird zunehmend in Frage gestellt, woraus ein Interessenszuwachs an einem eigenaktiven, natürlichen informellen Lernen resultiert: Der Einzelne[4] ist mehr denn je selbst für den Erhalt, für die Aktualisierung, für die Optimierung und für die Weiterentwicklung seiner Kenntnisse, Fertigkeiten und Fähigkeiten verantwortlich. Denn um die stetigen, kaum mehr prognostizierbaren arbeits-, bildungs- und lebensweltlichen Anforderungen aktiv bewältigen zu können, bedarf es einer selbstgesteuerten, autodidaktischen Gestaltung von Lernprozessen, die von den Individuen je nach individuellem Bedarf selbst initiiert wird. Die formalen Systeme der allgemeinen und beruflichen Bildung verlieren in Anbetracht der Notwendigkeit alternativer Wege des Kompetenzerwerbs zunehmend ihre Monopolstellung. Angesichts dieses Wandels bedarf es eines Perspektivenwechsels von der Lehrgesellschaft hin zu einer „lernenden Gesellschaft". Vor diesem Hintergrund verwundert es nicht, dass die Thematik des informellen Alltags- und Erfahrungslernens endlich auch in bildungs- und gesellschaftspolitischen Debatten zur Umsetzung des Konzeptes des „lebenslangen Lernens" Eingang gefunden hat. In diesem Zusammenhang sei insbesonde-

---

[4] Allein im Interesse der Lesbarkeit wird bei der Bezeichnung von Personengruppen in dieser Arbeit nur die männliche Form verwendet; gemeint sind selbstverständlich stets Frauen und Männer.

1. Einleitung

re auf verschiedene Initiativen und Programmatiken der Europäischen Union[5] verwiesen, die sich seit Mitte der neunziger Jahre verstärkt mit Fragen des Lernens aus einer veränderten Perspektive auseinandersetzen: Die Anerkennung des in natürlichen Lebenssituationen erfolgenden informellen Lernens wird als zentrale Voraussetzung für die Realisierung eines nachhaltigen lebenslangen Lernens gesehen.

Die Bedeutung informellen Lernens und der daraus resultierenden Kenntnisse, Fähigkeiten und Fertigkeiten sowie Erfahrungen wurde hierzulande jedoch – im Gegensatz zu vielen europäischen Nachbarländern – lange Zeit vernachlässigt, wenngleich sich seit den letzten Jahren eine verstärkte Hinwendung zu diesbezüglichen Fragen verzeichnen lässt. So wird beispielsweise in der bildungspolitischen Diskussion auf nationaler Ebene im BLK (Bund-Länder-Kommission für Bildungsplanung und Forschungsförderung)-Modellversuchsprogramm „Lebenslanges Lernen" die „Stärkung von Eigenverantwortung und Autonomie sowie die Förderung selbstgesteuerter, auch informeller Lernaktivitäten" (BLK 2001, S. 4) als unabdingbar für die Förderung der Bildungsbereitschaft und Bildungspartizipation aller Menschen hervorgehoben.

Angesichts eines solchen Bedeutungszuwachses stellt sich die Frage, wie sich die außerhalb des formalen Bildungswesens erworbenen Kompetenzen hinreichend anerkennen lassen, um sie beispielsweise für den Erwerb formaler (Berufs-)Abschlüsse anrechnen lassen zu können. Während in zahlreichen EU-Ländern bereits entsprechende Systeme zur Identifizierung, Bewertung und Anerkennung informell erworbener Kompetenzen implementiert wurden, werden in Deutschland die auf informellem Wege erbrachten Lernleistungen bislang noch nicht angemessen honoriert: Die Zertifizierung von Kenntnissen, Fähigkeiten und Fertigkeiten erfolgt nahezu ausschließlich in den formalen Systemen der allgemeinen und beruflichen Bildung. Informell erworbene Kompetenzen hingegen werden eher indirekt und nur in Ausnahmefällen anerkannt.

---

[5] Anzuführen seien in diesem Zusammenhang unter anderem das *„Weißbuch zur allgemeinen und beruflichen Bildung. Lehren und Lernen. Auf dem Weg zur kognitiven Gesellschaft"* (Europäische Kommission 1995), das *„Europäische Jahr des lebensbegleitenden Lernens"* (Europäisches Parlament und Rat der Europäischen Kommission 1995), das *„Memorandum über Lebenslanges Lernen"* (Kommission der Europäischen Gemeinschaften 2000), die Mitteilung *„Einen europäischen Raum des lebenslangen Lernens schaffen"* (Kommission der Europäischen Gemeinschaften 2001), der *„Aktionsplan der Kommission für Qualifikation und Mobilität"* (Kommission der Europäischen Gemeinschaften 2002), der *„Vorschlag für eine Entscheidung des Europäischen Parlaments und des Rates über ein einheitliches Rahmenkonzept zur Förderung der Transparenz von Qualifikationen und Kompetenzen (Europass)"* (Kommission der Europäischen Gemeinschaften 2003) sowie die *„Gemeinsame[n] europäische[n] Grundsätze für die Validierung des nicht formalen und des informellen Lernens"* (Europäische Kommission 2004). Ein zusammenfassender Überblick über die genannten europäischen Entwicklungslinien lässt sich Bretschneider (2004) entnehmen.

1. Einleitung

Die Thematik des informellen Lernens, seiner Identifizierung, Bewertung und Anerkennung sind Gegenstand der vorliegenden Abhandlung. Vor diesem Hintergrund gilt es, zunächst eine differenzierte Betrachtung der grundlegenden Prinzipien informellen Lernens vorzunehmen, um anschließend einige der im nationalen und internationalen Kontext existierenden Verfahren zur Erfassung und Anerkennung informell erworbener Kompetenzen exemplarisch darzustellen.

Auf der Grundlage ausgewählter Definitionsansätze erfolgt in Abgrenzung zu den Lernformen des „formalen" und „non-formalen" Lernens im zweiten Kapitel zunächst eine präzise Begriffsbestimmung des informellen Lernens, die für das Verständnis der weiteren Ausführungen erforderlich ist. Zudem wird eine Analyse des Verhältnisses zwischen formalem und informellem Lernen vorgenommen. Im Vordergrund steht dabei die Klärung der Frage, ob mit zunehmendem Stellenwert informellen Lernens ein Bedeutungsverlust formaler Lernprozesse einhergeht, oder ob die genannten Lernformen vielmehr in einem komplementären Verhältnis zueinander stehen. Abschließend werden verschiedenartige Ausprägungen des informellen Kompetenzerwerbs vorgestellt, was angesichts der Vielschichtigkeit dieser Lernform als notwendig erscheint.

Im Anschluss an die Darstellung grundlegender Prinzipien des informellen Lernens werden im dritten Kapitel aufgrund der folgenden Fragestellungen Aussagen bezüglich der Identifizierung, Bewertung und Anerkennung informell erworbener Kompetenzen getroffen: Welche Ziele und Absichten gehen mit der Forderung nach einer Erfassung von Kompetenzen einher? Anhand welcher Methoden lassen sich außerhalb des formalen Bildungswesens erworbenen Kompetenzen sichtbar machen und bewerten? Welche Schwierigkeiten sind damit verbunden? Schließlich werden verschiedene Konzepte der Anerkennung informell erworbener Kompetenzen dargelegt und es werden Gestaltungsfaktoren erläutert, von denen die Akzeptanz der aus den Anerkennungsverfahren resultierenden Kompetenznachweise abhängig ist.

Die inhaltliche Ausrichtung des vierten Kapitels bezieht sich auf die Thematik der Anerkennung informell erworbener Kompetenzen in Deutschland. Vor diesem Hintergrund erfolgt zunächst eine Darlegung der Umstände, die dazu führten, dass diesbezügliche Fragen hierzulande lange Zeit nur die Rolle einer Restkategorie einnahmen und welche Faktoren schließlich eine allmähliche Hinwendung zum informellen Lernen begründeten. Auf dieser Grundlage kann nun das Kernanliegen dieses Kapitels dargestellt werden, das sich auf die folgenden Fragestellungen bezieht: Welche Verfahren werden

1. Einleitung

in Deutschland eingesetzt und tragen sie tatsächlich dazu bei, informell erworbene Kompetenzen anzuerkennen?

Da zahlreiche Länder der EU bereits über langjährige Erfahrungen im Bereich der Identifizierung, Bewertung und Anerkennung der auf informellem Wege erworbenen Kompetenzen verfügen, sollen im fünften und letzten Kapitel dieser Abhandlung einige Länder exemplarisch vorgestellt werden, in denen entsprechende Verfahren bereits etabliert wurden. Im Mittelpunkt der Betrachtungen stehen das britische *„NVQ-System"*, das französische Verfahren der *„bilans de compétences"* sowie die der *„VAP"* und der *„VAE"*, das finnische *„CBQ-Modell"* und das *„Schweizerische Qualifikationsbuch"*. Zwar werden auch in anderen Ländern entsprechende Verfahren praktiziert, jedoch sind die Entwicklungen in den hier angeführten Ländern einerseits am weitesten fortgeschritten und zudem existieren hier bereits gesetzliche Bestimmungen, die die Anerkennung informell erworbener Kompetenzen regeln.

Die Bearbeitung des Themas „Informelles Lernen – Identifizierung, Bewertung und Anerkennung informell erworbener Kompetenzen" erfolgt auf der Grundlage der globalen Methode der Textrecherche. Die Auswahl der entsprechenden Literatur wurde prioritär nach ihrer Aktualität einerseits sowie nach der Bedeutsamkeit ihrer Verfasser hinsichtlich unterschiedlicher Arbeits- und Forschungsschwerpunkte andererseits getroffen. Exemplarisch lassen sich hier insbesondere die Ausführungen von Bjørnåvold, Dehnbostel, Dohmen und Laur-Ernst sowie diverse Schriften der Arbeitsgemeinschaft Berufliche Weiterbildungsforschung e.V. (ABWF) anführen.

2. Das informelle Lernen

Um die Problematik der vorliegenden Thematik erfassen zu können, gilt es zunächst, eine begriffliche Klärung des informellen Lernens vorzunehmen. Dazu werden in Abgrenzung zu den Lernformen des „formalen" und „non-formalen" Lernens verschiedene Ansätze und Definitionen des informellen Lernens vorgestellt, um einen einheitlichen Arbeitsbegriff zu schaffen. Anschließend erfolgt eine Analyse des Verhältnisses zwischen formalen und informellen Lernprozessen, wobei die folgenden Fragestellungen Berücksichtigung finden: Handelt es sich um miteinander konkurrierende Lernformen? Nimmt eine der beiden Lernformen eine dominierende Stellung innerhalb der menschlichen Lernprozesse ein oder erfordert die Aneignung von Wissen und Kompetenzen eine komplementäre Verbindung beider Lernarten? Die anschließende differenzierte Betrachtung vermittelt einen Einblick in das informelle Lernen in all seinen Facetten.

2.1 Definitionen und Abgrenzungen zu anderen Lernformen

Auf die Frage, was informelles Lernen sei, antwortete der Wirtschaftspädagoge Geißler: „Ich gestehe es freimütig, ich weiß es nicht. Ich kenne zwar vieles von dem, was über informelles Lernen geschrieben wird, dieses Wissen aber hat mich mehr verwirrt als aufgeklärt" (Geißler 2003, S. 128). Und tatsächlich: Beschäftigt man sich mit der einschlägigen Fachliteratur zum Thema „informelles Lernen", so wird deutlich, dass dieser Begriff sehr variationsreich, uneinheitlich, diffus und oftmals unreflektiert verwendet wird. Von einem einheitlichen Begriffsverständnis kann aufgrund eines solchen Mangels an Begriffsklarheit also nicht gesprochen werden. Es existieren sehr vielfältige Definitionen mit oftmals unterschiedlichen Akzentuierungen, die zur Verwirrung darüber beitragen, was genau unter dem Begriff des informellen Lernens zu verstehen ist. Zahlreiche Definitionen nehmen eine Abgrenzung des informellen Lernens zu den Lernformen des formalen und non-formalen Lernens vor, um die charakteristischen Merkmale des informellen Lernens herauszuarbeiten. Dieser Vorgehensweise soll auch in dieser Abhandlung gefolgt werden. Dazu werden die genannten Lernformen mit der Zielsetzung vorgestellt, sich einer präzisen begrifflichen Klärung des informellen Lernens zu nähern. Anzumerken sei in diesem Zusammenhang, dass es sich dabei nur um eine rein analytische Trennung der Begrifflichkeiten handeln kann – in der Praxis sind die Übergänge zwischen den verschiedenen Lernformen oft fließend.

2.1.1 Formales Lernen

Hinsichtlich charakteristischer Merkmale des formalen Lernens scheint in der Literatur ein weitgehender Konsens zu bestehen.

Dohmen setzt bei seiner Definition des formalen Lernens an der Organisationsform des Lernens an. Formales Lernen bezeichnet für ihn ein planmäßig strukturiertes Lernen in Bildungsinstitutionen, dessen Ergebnisse im Erwerb von anerkannten Abschlüssen und Zertifikaten münden (vgl. Dohmen 1996, S. 29).

Auch die von der *Kommission der Europäischen Gemeinschaften* getroffene Definition hat ihren Ausgangspunkt bei der Organisationsform des Lernens. Formales Lernen findet strukturiert (hinsichtlich der Lernziele, der Lerninhalte oder der Lernförderung) in Bildungs- und Ausbildungseinrichtungen statt; die Ergebnisse werden zertifiziert[6]. Indem sich formale Lernprozesse für die EU-Kommission zielgerichtet vollziehen (vgl. Kommission der Europäischen Gemeinschaften 2001, S. 33), wird besonders die Intentionalität und der hohe Bewusstseinsgrad dieser Lernform betont.

Formale Lernprozesse finden auch für *Bjørnåvold* in organisierten Kontexten des förmlichen Bildungswesens statt. Auch für ihn ist das kennzeichnende Merkmal, dass das Erreichen der Lernziele zum Erwerb von formalen Abschlüssen führen kann (vgl. Bjørnåvold 2001, S. 221).

Hinsichtlich der grundlegenden Charakteristika des formalen Lernens herrscht folglich eine weitgehende Einigkeit: Formales Lernen ist zielgerichtet, planmäßig und es erfolgt bewusst auf den Grundlagen angebotsorientierter curricularer Vorgaben unter den Rahmenbedingungen des formalen Bildungssystems. Die Ergebnisse formaler Lernprozesse werden zertifiziert und münden in dem Erwerb von qualifizierenden Abschlüssen.

---

[6] Der Begriff der Zertifizierung bezeichnet die „formelle Validierung von Kenntnissen, Know-how und/oder Kompetenzen des Einzelnen im Gefolge eines standardisierten Bewertungsverfahrens. Die Zertifizierung schließt mit der Verleihung einer (anerkannten) formalen Qualifikation (Befähigungsnachweis, Bescheinigung, Diplom, Zertifikat oder Zeugnis) durch eine akkreditierte ausstellende Stelle oder Behörde" (Europäische Kommission 2004, S. 15). Demgegenüber meint der Begriff der Validierung informellen Lernens den „Vorgang der Bewertung und der Anerkennung eines ganzen Spektrums von Wissen, Know-how, Fertigkeiten und Kompetenzen, die Personen im Laufe ihres Lebens in unterschiedlichen Zusammenhängen, z.B. durch Bildung, bei der Arbeit und in der Freizeit, erworben haben" (ebd., S. 15).

2.1.2 Non-formales Lernen

Divergierende Ansichten bestehen jedoch hinsichtlich grundlegender Prinzipien des non-formalen Lernens.

Das non-formale Lernen umfasst nach *Dohmen* jegliche Arten des selbst- oder fremdorganisierten Lernens, dessen Ergebnisse nicht zertifiziert werden (vgl. Dohmen 1996, S. 29). Für ihn ist der Begriff des non-formalen Lernens in Deutschland allerdings nicht geläufig, so dass er vorschlägt, „auf die feinsinnigen und z. T. kontroversen Abgrenzungen zwischen einem 'nicht-formalen' und einem 'informellen' Lernen zu verzichten und sich auf eine undifferenzierte Zusammenfassung unter dem gemeinsamen Begriff des 'informellen Lernens' zu einigen" (Dohmen 2001, S. 25). Sein Begriffsverständnis von informellem Lernen schließt somit sämtliche Aspekte des non-formalen Lernens ein.

Bjørnåvold folgt der Dohmen'schen Kategorisierung nicht, da er das informelle Lernen als einen Teil des non-formalen Lernens betrachtet. Er meidet den Begriff des informellen Lernens und verwendet in seinen Ausführungen stattdessen durchgängig die Bezeichnung des „nicht-formalen Lernens" (vgl. Bjørnåvold 2001, S. 13, Fn. 1), was er als „*halb strukturiertes Lernen*" bezeichnet. Es ist „in planvolle Tätigkeiten eingebettet (..), die nicht explizit als Lernen bezeichnet werden, jedoch ein ausgeprägtes 'Lernelement' beinhalten" (ebd., S. 222).

Im Gegensatz zu diesen beiden Autoren nimmt die *Kommission der Europäischen Gemeinschaften* eine strikte Trennung der Begrifflichkeiten vor: Non-formales Lernen ereignet sich außerhalb der formalen Bildungs- und Berufsbildungssysteme. Möglichkeiten des non-formalen Kompetenzerwerbs bieten sich den Individuen beispielsweise am Arbeitsplatz, bei Aktivitäten in Gruppierungen (z.B. in Jugendorganisationen, Gewerkschaften etc.) oder in Organisationen (Kunst-, Musik- und Sportkurse, Prüfungsvorbereitungen durch private Tutoren), die eine Ergänzung zu den formalen Bildungs- und Berufsbildungssystemen darstellen (vgl. Kommission der Europäischen Gemeinschaften 2000, S. 9). Das non-formale Lernen gestaltet sich zielgerichtet und systematisch hinsichtlich der Festlegung der Lernziele, der Lernzeit und der Lernmittel. Im Unterschied zum formalen Lernen werden non-formal erworbene Kompetenzen jedoch üblicherweise nicht zertifiziert und führen somit auch nicht zum Erwerb von formalen Abschlüssen (vgl. Kommission der Europäischen Gemeinschaften 2001, S. 35). Non-formale Lernprozesse ereignen sich für die EU-Kommission eindeutig intentional und zielgerichtet, sodass implizites Lernen ausgeschlossen wird.

2. Das informelle Lernen

In den folgenden Ausführungen wird von einem Verständnis des non-formalen Lernens ausgegangen, das sich – sowohl fremd- als auch selbstgesteuert – zielgerichtet und systematisch außerhalb der formalen Systeme der allgemeinen und beruflichen Bildung ereignet. Hinsichtlich dessen kann beispielsweise in Sprachkursen, in der Fahrschule oder im Nachhilfeunterricht non-formal gelernt werden. Die Ergebnisse dieser Lernprozesse werden nicht zertifiziert und sie ermöglichen infolgedessen auch keinen Erwerb formaler Abschlüsse.

2.1.3 Informelles Lernen

Eine begriffliche Klärung des informellen Lernens vorzunehmen, gestaltet sich als schwierig. Im Unterschied zum englischsprachigen Raum ist die Verwendung des Begriffs des informellen Lernens in Deutschland noch relativ jung (vgl. Overwien 2005, S. 339). Besonders die Vielschichtigkeit des Begriffsverständnisses erschwert es, die charakteristischen Merkmale dieser Lernform herauszuarbeiten. „Erfahrungsbezogenes, subjektgebundenes, selbst gesteuertes, latentes, implizites Lernen, Erfahrungs- und Alltagslernen stehen unvermittelt nebeneinander oder werden unterschiedlich interpretiert" (Frank 2003, S. 177).

Für *Dohmen* bezieht sich der Begriff des informellen Lernens auf jede Form des Selbstlernens (vgl. Dohmen 2001, S. 25), das nicht in planmäßig geregelten Bildungsveranstaltungen erfolgt, sondern eher ungeregelt im unmittelbaren Lebenszusammenhang der Individuen (vgl. Dohmen 1996, S. 29). Es lässt sich als ein instrumentelles Ad-hoc-Lernen bezeichnen, das sowohl implizit als auch intentional erfolgen kann und das in der Regel auf die Lösung aktueller Problemsituationen und Anforderungen ausgerichtet ist (vgl. Dohmen 2001, S. 19). Weitere „Spielarten" (ebd., S. 27) des informellen Lernens betreffen das Erfahrungslernen, das Alltagslernen, das selbstgesteuerte Lernen sowie das Lernen im Arbeitsprozess und das kompetenzentwickelnde Lernen (vgl. ebd., S. 27). Dohmen geht somit von einem sehr weit gefassten Verständnis informellen Lernens aus, das sich auf vielfältigen Wegen und in vielfältigen Kontexten sowohl implizit als auch intentional vollziehen kann. Um ein umfassendes Bild informeller Lernprozesse zu vermitteln, ist die Hervorhebung derartiger Akzentuierungen erforderlich.

Nach *Bjørnåvold* lässt sich das informelle Lernen auch als Erfahrungslernen bezeichnen, das sich bis zu einem gewissen Grad zufällig in den alltäglichen Aktivitäten des lernenden Subjekts vollzieht, wie zum Beispiel am Arbeitsplatz, in der Familie oder in der Freizeit (vgl. Bjørnåvold 2001, S. 222). In einer weiteren Definition stellt Bjørnåvold eindeutiger heraus, dass informelle Lernprozesse sowohl ungeplant als auch intentional erfolgen können. Zudem setzt die von ihm vorgenommene Definition ebenfalls bei der Organisationsform des Lernens an. Innerhalb der formalen Systeme der allgemeinen und beruflichen Bildung werden auch seiner Ansicht nach informell erworbene Kompetenzen nicht anerkannt (vgl. ebd., S. 13, Fn. 1).

Die *Kommission der Europäischen Gemeinschaften* geht insofern mit den beiden zuvor genannten Autoren konform, als sie informelles Lernen als außerschulisches Lernen betrachtet, das nicht zertifiziert wird. Hingegen legt die EU-Kommission den Schwerpunkt informellen Lernens auf die Beiläufigkeit und Unstrukturiertheit dieser Lernform, auch wenn sie einräumt, dass es zielgerichtet erfolgen *kann* (vgl. Kommission der Europäischen Gemeinschaften 2001, S. 33).

Während die zitierten Autoren die Möglichkeit eines beiläufigen und unbewussten Lernens als integralen Bestandteil des informellen Lernens in ihr Verständnis einbeziehen, vertritt *Kirchhöfer* eine divergierende Ansicht. Er schließt das beiläufige, implizite Lernen aus seiner Konzeption des informellen Lernens ausdrücklich aus. Informelle Lernprozesse vollziehen sich für ihn bewusst, selbstgesteuert und reflektiert. Im Unterschied zu der von Dohmen und Bjørnåvold getroffenen Definition stellt das Erfahrungslernen für Kirchhöfer keinen Teil des informellen Lernens dar: „Im Unterschied zum beiläufigen oder Erfahrungslernen wird das Individuum sich beim informellen Lernen seiner Lernsituation bewusst, es organisiert sein Lernen, steuert es und reflektiert darüber" (Kirchhöfer 2001, S. 112).

In der hier vorliegenden Abhandlung wird informelles Lernen als Sammelbegriff für sämtliche Formen und Ausprägungen des selbstgesteuerten, impliziten und intentionalen, erfahrungsgeleiteten und pragmatisch-instrumentellen Lernens verstanden, das sämtliche Lernprozesse, die sich außerhalb institutioneller Bildungseinrichtungen im unmittelbaren Lebens- und Erfahrungszusammenhang (z.B. am Arbeitsplatz, im sozialen Umfeld) der Individuen vollziehen, umfasst.

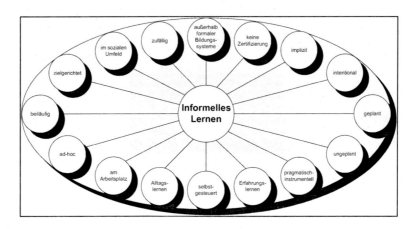

Darst. 1: Facetten informellen Lernens (Quelle: eigene Darst.)

2.2 Zum Verhältnis zwischen formalem und informellem Lernen

Orientiert man sich an der Organisationsform des Lernens, so liegt das wesentliche Abgrenzungskriterium zum formalen Lernen darin, dass sich der informelle Kompetenzerwerb außerhalb der formalen Systeme der allgemeinen und beruflichen Bildung vollzieht. Zudem werden informelle Lernleistungen im Unterschied zu den Ergebnissen des formalen Lernens nicht zertifiziert. Streng genommen kann jedoch auch in institutionalisierten Bildungseinrichtungen informell gelernt werden („heimlicher Lehrplan"), da Lernprozesse grundsätzlich nicht an bestimmte Lernorte oder Umgebungsbedingungen gebunden sind, sondern vielmehr an die Persönlichkeitsmerkmale der Lernenden. So gesehen stellt das Lernen einen individuellen Vorgang dar, der quasi immer informell stattfindet (vgl. Straka 2000, S. 21 ff.). Aus diesem Grunde meidet Straka die Bezeichnungen des „informellen", „non-formalen" und „formalen" Lernens. Er spricht stattdessen von „Lernen unter der Bedingung von Schule, Bildungseinrichtungen, Unterricht oder allgemeiner unter pädagogischer Zielsetzung (=formelles Lernen) und Lernen unter Bedingungen, die nicht primär nach pädagogischen Zielsetzungen arrangiert sind (=informelles Lernen). Dazwischen läge als Mischform bzw. Grauzone das non-formelle Lernen" (ebd., S. 23). Entgegen Strakas Sichtweise wird die Bezeichnung „informelles Lernen außerhalb formaler Bildungseinrichtungen" beibehalten, da sich diese Unterscheidung sowohl in der Alltags- als auch in der Fachsprache etabliert hat.

Im Gegensatz zum formalen Lernen, das nach curricularen Vorgaben organisiertes, überprüftes und reglementiertes Lernen ist, werden informelle Lernprozesse in der Regel durch aktuell wahrgenommene Wissens- und Kompetenzdefizite sowie durch im Lebensumfeld der Individuen auftretende Probleme und Anforderungen ausgelöst. Mit

Hilfe des informellen Lernens sollen diese kompensiert und gelöst werden. Oder wie Brinkmann es formuliert: „Informelles Lernen fängt da an, wo man nicht mehr weiterkommt (…), wo es keine vorgegebenen Handlungsmuster gibt" (Brinkmann 2003, S. 76). Im Gegensatz zum schulischen Lernen liegt das primäre Ziel des informellen Lernens nicht darin, „etwas bestimmtes zu lernen, sondern mit Hilfe des Lernens eine andere Absicht besser zu verwirklichen" (Dohmen 2001, S. 23). Organisierte Seminare und Lehrgänge sind oftmals nicht in der Lage, *zeitnah* auf aktuelle Anforderungssituationen des täglichen Lebens zu reagieren. Diese finden in der Regel punktuell statt und können somit nicht zur Just-in-time-Bewältigung von Kompetenzdefiziten beitragen. Auch die schulische und die berufliche Erstausbildung können nicht hinreichend dazu beitragen, den sich rasch wandelnden Anforderungen eines lebenslangen Lernens gerecht zu werden. Vermittelt wird in der Regel ein nach curricularen Vorgaben strukturiertes Grundlagen- und Fachwissen, das nicht nah genug auf die lebenspraktische Bewältigung der Anforderungen ausgerichtet ist. Schulisches Lernen kann zum Beispiel nicht auf die Kindererziehung oder auf die Wahl einer geeigneten Krankenversicherung vorbereiten. Auch die Pflege und Aufzucht eines Tieres, das Anfertigen einer Steuererklärung oder die Führung eines Haushaltes gehören üblicherweise nicht zu den Lerninhalten des formalen Bildungswesens. Gerade in solchen lebensweltlichen, problemorientierten und komplexen Anforderungssituationen kommen dem Lesen von Fachliteratur, dem Einbeziehen von Experten, der Einholung von Ratschlägen in der Familie oder im Freundeskreis, dem autodidaktischen Lernen, dem „learning by doing" sowie dem Lernen durch Versuch und Irrtum und dem „Lernen en passant", also dem informellen Lernen, eine große Bedeutung zu. Denn nur das nach eigenem Bedarf in Angriff genommene Selbstlernen kann dazu beitragen, aktuelle Anforderungen des Alltags zeitnah, direkt und ohne lange Lehrgangsumwege zu bewältigen. Da unser Wissen immer schneller veraltet, kann das informelle Lernen einen entscheidenden Beitrag dazu leisten, unmittelbar auf die sich rasch wandelnden Anforderungen der Umwelt zu reagieren.

Man darf aufgrund dieser Ausführungen jedoch nicht den Schluss ziehen, informelles Lernen zu favorisieren und formales Lernen abzuwerten. Das formale Lernen nimmt nach wie vor einen hohen Stellenwert ein, da es vor allem für die Aneignung eines systematisch erworbenen Grundlagen- und Fachwissens unerlässlich ist. Informelles Lernen wird in der Regel instrumentell-pragmatisch zur Problemlösungshilfe eingesetzt und oftmals nicht hinreichend reflektiert, sodass eine Unterstützung und Ergänzung durch organisierte Lernprozesse erforderlich ist. Bei dieser Unterstützung geht es „um eine behutsame Entwicklungshilfe, die es diesem noch unvollkommenen, zufälligen, sporadischen, ungeduldigen, planlosen ad hoc-Lernen ermöglicht bzw. erleichtert, sich zu einem etwas bewussteren, kontinuierlicheren und zusammenhängenderen Lernen – und damit zu einem nachhaltigeren Fundament für das 'lebenslange Lernen aller' – weiterzuentwickeln" (Dohmen 2001, S. 27). Anderenfalls bliebe das informelle Lernen „**eine noch unvollkommene Grundform**" (ebd., S. 26) des lebenslangen Lernens, das immer auf den jeweiligen Erfahrungskreis der Lernenden beschränkt bliebe.

Formales und informelles Lernen befinden sich demnach in einem komplementären Wechselverhältnis. Dieses kann an dem Beispiel, eine neue Sprache zu erlernen, verdeutlicht werden: Ein Schüler, der häufig in Spanien Urlaub machte, erwarb auf informellem Wege gewisse Sprachkenntnisse. Um diese zu systematisieren, weiter auszubauen und zu vertiefen, entschließt er sich, den Weg des formalen Lernens einzuschlagen und belegt den Spanischunterricht in der Schule. Ebenso können im formalen Bildungssystem erworbene Spanischkenntnisse Anreize liefern, diese im Urlaub auf informellem Wege auszuweiten und zu vertiefen.

Das informelle Lernen hat demnach sowohl seinen Ziel- als auch seinen Ausgangspunkt in formalen Lernprozessen (vgl. Wittwer 2003, S. 21 f.). Auch Overwien hebt hervor, dass das informelle Lernen „einerseits Voraussetzung und andererseits Fortsetzung formaler und non-formaler Lernprozesse" (Overwien 2003, S. 49) ist. So gesehen stellen informelles und formales Lernen keine Alternativen dar. Beide Lernformen weisen Vor- und Nachteile auf. Sie sollten ineinander greifen, sich ergänzen und unterstützen. Je nach Situation gestaltet sich die eine oder die andere Lernform als handlungswirksamer. Formales Lernen sollte aber verstärkt exemplarische Methoden anbieten, um das Lernen zu lernen.

2.3 Facetten des informellen Kompetenzerwerbs

Da sich das informelle Lernen außerhalb von etablierten und institutionalisierten Bildungseinrichtungen vollzieht, existieren für diese Form des Lernens folglich keine curricularen Vorgaben, die das „Wann", „Wie", „Was" und „Wo" der Lernprozesse regeln. Informelles Lernen kann vielmehr immer und überall erfolgen. So können Individuen ihr Kompetenzspektrum je nach individuellem Bedarf auf vielfältige Weise und in unterschiedlichen Kontexten ergänzen und erweitern. In diesem Zusammenhang kommen verschiedene Lernstrategien zum Einsatz, die in den folgenden Ausführungen näher erläutert werden. Eine differenzierte Darstellung der unterschiedlichen Lernarten ist zudem insofern erforderlich, da „subjektgebundenes und selbstgesteuertes Lernen, Erfahrungslernen, informelles Lernen, inzidentelles und latentes Lernen (..) unvermittelt nebeneinander [stehen, Anm. d. Verf.] oder (..) unterschiedlich interpretiert" (Laur-Ernst 2000, S. 162) werden. Betroffene erwerben und erweitern beispielsweise im Rahmen der Familienarbeit Kompetenzen, ohne dass ihnen diese bewusst sind. Oder sie beschäftigen sich intentional und zielgerichtet mit einem Gegenstand, um sichtbar gewordene Wissensdefizite auszugleichen. Kompetenzen können jedoch nicht nur im sozialen und im privaten Umfeld erworben werden, sondern auch am Arbeitsplatz.

Im Folgenden werden die Lernarten des impliziten Lernens, des selbstgesteuerten Lernens, des Erfahrungslernens sowie die Kompetenzentwicklung im sozialen Umfeld und am Arbeitsplatz vorgestellt.

2.3.1 Informelles Lernen als implizites Lernen

Ein wesentliches Merkmal des informellen Lernens ist, dass es sich unbewusst vollziehen kann. Dieser nicht-intendierte, beiläufige Teil des Lernens wird als implizites Lernen bezeichnet. Nach Erpenbeck und Sauer ist das informelle Lernen „oft mit der Entstehung und Verbreitung impliziten, wertbeladenen, verborgenen ('hidden') oder stummen ('tacit') Wissens verknüpft" (Erpenbeck/Sauer 2001, S. 38).

Einige Autoren verwenden den Begriff des impliziten Lernens synonym zum inzidentellen Lernen[7] (vgl. Overwien 2002, S. 18, Fn. 5) beziehungsweise weiterhin auch zum beiläufigen und latenten Lernen (vgl. Laur-Ernst 2001b, S. 59), wenngleich sie anführen, dass diese Bezeichnungen zwar denselben Sachverhalt bezeichnen, jedoch aus unterschiedlichen theoretischen Zusammenhängen stammen. Zudem erfolgt oftmals eine Gleichsetzung von informellem und implizitem Lernen (vgl. Dohmen 2001, S. 34). Dohmen wendet dagegen jedoch ein, dass es sich dabei nicht um identische Lernansätze handelt. Er betrachtet das implizite Lernen als eine *mögliche* Ausrichtung innerhalb des informellen Lernens (vgl. ebd., S. 36) mit der Begründung, dass sich informelle Lernprozesse grundsätzlich auch intentional und zielgerichtet vollziehen können.

---

[7] Da das inzidentelle Lernen grundsätzlich auch bewusste Anteile enthalten kann, lässt es sich zwischen dem expliziten und dem impliziten Lernen ansiedeln, wenngleich die Ausrichtung zum impliziten Lernen stärker ist (vgl. Oerter 2000a, S. 195).

2. Das informelle Lernen

Nach Neuweg wird implizites Lernen folgendermaßen definiert, wobei er zwischen *implizitem Lernen* und *implizitem Wissen* unterscheidet:

> „Schreibt man einem Lerner den Erwerb einer Disposition zu, wenn sein Verhalten, insbesondere in Anpassung an bestimmte Struktureigenschaften der Lernumgebung, einer neuen, zuvor nicht gezeigten Regelmäßigkeit folgt, dann kann ein *Lernprozess* als *implizit* bezeichnet werden, wenn der Lerner weder durch einen Lehrenden explizit (verbal) über diese Regelmäßigkeiten bzw. Struktureigenschaften informiert wird noch sich bewusst-reflexiv um deren gedankliche Vergegenwärtigung bemüht oder zu einem solchen Bemühen durch einen Lehrenden aufgefordert wird, deren 'Kenntnis' jedoch nach Abschluss der Lernphase in seinem Verhalten zu zeigen in der Lage ist" (Neuweg 2000, S. 198).

Die Resultate des impliziten Lernens, nämlich der Erwerb eines impliziten Wissens („tacit knowledge"), zeigen sich in der Performanz einer Person. Sie lassen sich jedoch nur bedingt in Worte fassen (vgl. ebd., S. 198). Bjørnåvold erläutert dies am Beispiel des Fahrradfahrens: „Die meisten von uns können Fahrrad fahren, aber es bereitet uns große Schwierigkeiten, wenn wir sagen sollen, welche spezifischen Regeln diesem Können zugrunde liegen" (Bjørnåvold 2001, S. 40). Die Schwierigkeit einer Versprachlichung des implizit erworbenen Wissens begründen Winkler und Mandl vor allem mit dem „starken persönlichen Charakter" (Winkler/Mandl 2005, S. 49) dieser Lernform sowie weiterhin mit der Tatsache, dass das implizite Lernen kontextspezifisch und eng mit Praxiserfahrungen verbunden sei.

Demgegenüber handelt es sich beim expliziten Lernen um einen bewussten und intendierten Lernvorgang, der weitgehend organisiert ist und oftmals in Schulen oder in Institutionen der Fort- und Weiterbildung erfolgt (vgl. Oerter 2000a, S. 194 f.). Dieses intentionale Lernen muss jedoch nicht grundsätzlich fremdorganisiert sein, sondern es kann auch außerhalb derartiger Bildungseinrichtungen, zum Beispiel in Gesprächen, durch Bücher oder eigenes Ausprobieren von den Lernenden selbstgesteuert initiiert und organisiert werden (vgl. Reischmann 1995, S. 200). Die Ergebnisse des „expliziten Lernens sind explizite Kompetenzen, die sich dadurch auszeichnen, dass dem Lernenden bewusst ist *was*, *wie* und unter *welchen Bedingungen* das erworbene Wissen und Können einzusetzen ist" (Straka 2001, S. 164).

Menschen sind sich jedoch oftmals nicht darüber im Klaren, was sie alles wissen. Dies kann Kompetenzen betreffen, die sie beispielsweise im Rahmen von ehrenamtlichem Engagement in Vereinen oder durch Tätigkeiten in der Familie erworben haben. So lange diese Kompetenzen unbewusst sind, können weder sie selbst noch andere Personen diese Fähigkeiten und Potenziale hinreichend ausschöpfen, sei es auf dem Arbeitsmarkt oder im Bildungssystem (vgl. Laur-Ernst 2001b, S. 61). Für Erpenbeck und Sauer macht dieses unbewusste, implizite Wissen den Hauptanteil des menschlichen Wissens aus (vgl. Erpenbeck/Sauer 2000, S. 316).

Wie unbewusst sich das implizite Lernen vollziehen kann, zeigt das folgende Beispiel: Jemand „googled" im Internet gezielt nach einer bestimmten Auskunft. Gleichzeitig erhält er eine Vielzahl sinnverwandter Informationen zu seinem Thema, die er nicht intendiert aufnimmt und die somit für ihn einen impliziten Wissenszuwachs darstellen. Reischmann spricht in diesem Zusammenhang von einem „Lernen en passant", einem Lernen im Vorübergehen, „das sich in der Wahrnehmung der handelnden Person nebenbei ergibt (...), das aber weder (Haupt-) Absicht noch Ziel des Handelns ist" (Reischmann 1995, S. 201).

Nicht immer ist es möglich, eine klare Grenze zwischen dem bewussten intentionalen Lernen und dem impliziten Lernen zu ziehen (vgl. Laur-Ernst 2001c, S. 115). Die Übergänge zwischen diesen beiden Lernkonzeptionen sind fließend: So kann ein Wissen, das in expliziter Form erworben wurde, durch häufige Anwendung, Übung, Routine, Gewohnheit, Erfahrung et cetera in ein implizites Wissen übergehen (vgl. Bjørnåvold 2001, S. 220; Oerter 2000a, S. 194; Neuweg 2000, S. 199). In diesem Kontext sind beispielsweise das Erlernen des Klavierspielens oder des Zehn-Finger-Tastschreibens am PC anzusiedeln. Während diese Fähigkeiten und Fertigkeiten zunächst zielgerichtet und bewusst gelernt werden müssen, werden sie durch häufige Anwendung internalisiert und automatisiert, sodass sie nach einer gewissen Zeit einen impliziten Charakter annehmen. Ebenso ist der umgekehrte Vorgang möglich, dass nämlich implizites Wissen zu explizitem Wissen führt. Dies erfolgt „über den Prozess der Versprachlichung, ausgelöst durch Reflexion auf das Implizite Wissen" (Arend 2003, S. 35). Dieser Vorgang kann in Krisen- und Problemsituationen ausgelöst werden, wenn man beispielsweise von seinem Wissen im Stich gelassen wird oder eine alltägliche Situation einen ungewohnten Verlauf nimmt. In solchen Momenten kann „das bisher ungefragt Geltende" (ebd., S. 35) eine Bewusstmachung des impliziten Wissens auslösen und dessen Verbalisierung ermöglichen. Hieraus folgt, dass explizites und implizites Lernen in einem dynamischen Verhältnis zu sehen sind, in dem beide Lernformen als gleichwertig betrachtet werden (vgl. ebd., S. 32, 34). Gerade in komplexen Handlungsfeldern kommt dem impliziten Lernen allerdings eine erhöhte Aufmerksamkeit zu, da es sich hier als besonders handlungswirksam und erfolgreich erwiesen hat (vgl. Neuweg 2000, S. 203, 211).

Das implizite Lernen erfolgt, ebenso wie das informelle Lernen, in einer „nicht bewusst hypothesentestenden Weise" (ebd., S. 202). Beide Lernformen sind „mehr auf erfolgreiches Handeln und Problemlösen als auf Faktorenanalyse und Begründungstheorien" (Dohmen 2001, S. 36) ausgerichtet. Auch findet das implizite Lernen im Alltag (vgl.

Oerter 2000b, S. 241), also im unmittelbaren Lebenszusammenhang, statt. Beide Lernkonzeptionen ergeben sich aus komplexen Umwelterfahrungen außerhalb des formalen Bildungswesens, „bei denen sich die Aufmerksamkeit primär auf Handlungen und Handlungsziele und nicht auf das damit verbundene Lernen richtet" (Dohmen 2001, S. 34). Da informelle Lernprozesse ebenso auch intentional und zielgerichtet erfolgen können, stellt das implizite Lernen einen Teilaspekt des informellen Lernens dar. Für Overwien ist implizites Lernen jedoch nur dann als ein Bereich informellen Lernens anzusehen, wenn die Lernsituationen von den Lernenden nachträglich auch als solche erkannt werden (vgl. Overwien 2002, S. 19). Ähnlich argumentieren auch Kirchhof und Kreimeyer, die betonen, dass die prinzipielle Fähigkeit zur Bewusstmachung „Voraussetzung für die Subsumtion impliziter Lernvorgänge unter den Begriff des informellen Lernens" (Kirchhof/Kreimeyer 2003, S. 224) sei. Auch Dohmen hebt die Notwendigkeit hervor, implizite Lernprozesse zumindest retrospektiv über den Prozess der Reflexion ins Bewusstsein zu rufen. Denn vor allem das ungeregelte und unreflektierte, auf eine Lösung aktueller Probleme begrenzte Ad-hoc-Lernen läuft immer wieder Gefahr, „sich in Irrtümer und Missverständnisse zu verrennen und Vorurteile zu festigen, solange es nicht bewusst reflektiert und nicht kritisch evaluiert wird" (Dohmen 2001, S. 19).

2.3.2 Informelles Lernen als selbstgesteuertes Lernen

Auch das selbstgesteuerte Lernen lässt sich als eine spezifische Ausrichtung des informellen Lernens betrachten. Im Unterschied zum beiläufigen und impliziten Lernen macht der Begriff „*Selbststeuerung*" deutlich, dass sich diese Lernform auf aktive, bewusste und intentionale Aneignungsprozesse des Lernenden bezieht, der selbst entscheidet, ob, was, wann und wie er lernt.

Der Begriff des selbstgesteuerten Lernens wird in der Literatur, ebenso wie der des impliziten Lernens, nicht einheitlich verwendet. Oft wird dieser Ausdruck mit selbstorganisiertem, selbstbestimmtem, selbstreguliertem und selbsttätigem Lernen gleichgesetzt (vgl. Straka 2000, S. 42; Arnold/Goméz Tutor/Kammerer 2002, S. 32).[8] Einige Autoren hingegen grenzen diese Begriffe voneinander ab. Schiersmann und Strauß sprechen deshalb zutreffend von einem „Modebegriff (..), der sehr diffus und unterschiedlich verwandt wird" (Schiersmann/Strauß 2003, S. 155). Auch für Weinert ist das selbstgesteuerte Lernen „weder ein präzise definierter wissenschaftlicher Begriff noch eine einheit-

---

[8] Unter Berufung auf eine Forschungsarbeit von Claudia Nounla („Lernberatung in Selbstlernzentren") führt Knoll an, dass diese Bezeichnungen häufig sogar von ein- und demselben Autor innerhalb eines Aufsatzes uneinheitlich verwendet werden (vgl. Knoll 2001, S. 202).

lich gebrauchte alltagssprachliche Bezeichnung. Der häufig benutzte Ausdruck ist (..) ständig in Gefahr, zu einem vieldeutigen, schillernden und ideologieanfälligen Schlagwort zu werden" (Weinert 1982, S. 99).

Aufgrund dieser Diversität gilt es darzulegen, von welchem Begriffsverständnis des selbstgesteuerten Lernens im Weiteren ausgegangen wird. Die folgenden Ausführungen beziehen sich auf eine konzeptionelle Klärung des Begriffs, auf die sich die Mitglieder der Konzertierten Aktion Weiterbildung (KAW) im Rahmen des Kongresses „Selbstgesteuertes Lernen" geeinigt haben. Demnach ist das ausschlaggebende Kriterium von selbstgesteuertem Lernen, „daß die Lernenden über die Zielausrichtung und die Hauptwege ihrer Lernprozesse und in diesem Zusammenhang auch über die Nutzung der organisierten Lernangebote und institutionellen Lernunterstützungen durch die Lernorganisationen im wesesntlichen [sic] selbst entscheiden" (Dohmen 1998, S. 1). Hieraus ergibt sich nach Dohmen, dass das selbstgesteuerte Lernen – im Unterschied zum selbstorganisierten Lernen – eine Inanspruchnahme von fremdorganisierten Lernangeboten nicht ausschließt. Es handelt sich somit nicht um eine Polarisierung, sondern um eine wechselseitige Ergänzung von selbstgesteuertem und fremdorganisiertem Lernen (vgl. ebd., S. 1). Folglich kann eine Selbststeuerung des Lernens nicht nur auf informellem Wege, sondern ebenso innerhalb institutioneller Rahmenbedingungen erfolgen. Diese Ausführungen berücksichtigen den Umstand, dass sich das selbstgesteuerte Lernen einer pädagogischen Unterstützung nicht entzieht und dass es die Rolle der Lehrenden nicht überflüssig macht.

Hingegen ist eine reine Fremdbestimmung des Lernens nicht möglich, da jeder Lernprozess immer auch selbstregulative Aktivitäten enthält (vgl. Weinert 1982, S. 104). Voraussetzung für eine derartige Selbststeuerung ist das Vorhandensein ausreichender Spielräume für die eigenständige Festlegung des „Was", „Wann", „Wie" und „Wo". Indem der Lernende diese Selbststeuerung nutzt und selbstständig Entscheidungen über seine Lernprozesse trifft, übernimmt er die Rolle seines eigenen Lehrers (vgl. ebd., S. 102). In diesem Sinne ist die Position eines Lehrers nicht mehr die eines Experten, der Lerninhalte vorgibt, sondern vielmehr die eines beratenden Moderators. Da Lernende somit selbst für die Aneignung von Wissen und für die Gestaltung und Steuerung ihrer Lernprozesse verantwortlich sind (vgl. Arnold/Goméz Tutor/Kammerer 2002, S. 34), geschieht dies auf freiwilliger Basis, wodurch sich Lernmotivation und Effektivität der Lernprozesse steigern. Folglich lässt sich selbstgesteuertes Lernen zwischen „autonomer

Selbstbestimmung auf der einen Seite und fremdbestimmtem Eingepaßtwerden in vorgegebene Lernarrangements auf der anderen Seite" (Dohmen 2001, S. 41) ansiedeln.

Ein weiterer Aspekt des selbstgesteuerten Lernens bezieht sich auf den Grad der Selbststeuerung von Lernprozessen. Für Straka liegt selbstgesteuertes Lernen vor, „wenn der Lernende Autonomie hinsichtlich der Frage nach dem Was *und* Wie erlebt, wobei innerhalb der Phasen des Wie graduelle Abstufungen auftreten können" (Straka 2000, S. 42). Von einem sehr hohen Grad an Selbststeuerung kann dann ausgegangen werden, wenn der Lernende zwischen vielfältigen Lernangeboten und -bedingungen (Lernziele, Lerninhalte, Lernregulierung, Lernwege und Erfolgsüberprüfung) entscheiden kann. Je nachdem, wie stark diese Faktoren vom Lernenden selbst bestimmt werden, ist die Ausprägung des Selbststeuerungsgrads geringer oder stärker (vgl. Dietrich 2001, S. 22 f.).

Der Bezug des selbstgesteuerten Lernens zum informellen Lernen ist unverkennbar, wenn man Weinerts Grundverständnis vom selbstgesteuerten Lernen aufgreift. Danach kann der Lernende „die wesentlichen Entscheidungen, ob, was, wann, wie und woraufhin er lernt, gravierend und folgenreich beeinflussen" (Weinert 1982, S. 102). Selbstgesteuertes Lernen ist jedoch nicht mit informellem Lernen gleichzusetzen. Einer Selbststeuerung des Lernens liegt eine *bewusste* Gestaltung der Lernprozesse durch das Individuum zugrunde. Da informelles Lernen hingegen auch implizit und nicht-intendiert erfolgen kann, lassen sich beide Lernformen nur als besondere Ausprägungen innerhalb des informellen Lernens betrachten.

2.3.3 Informelles Lernen als Erfahrungslernen

Das Erfahrungslernen und seine Bedeutung für die Kompetenzentwicklung fand – obwohl es sich dabei nicht um einen neuen Lernansatz handelte – im Bereich der beruflichen Bildung über viele Jahre hinweg keine Beachtung (vgl. Dybowski 1999, S. 17). Erst im Zuge der Debatte um die Förderung des lebenslangen Lernens gewann das Erfahrungslernen einen zunehmend höheren Stellenwert (vgl. ebd., S. 11).

Dem Begriff des Erfahrungslernens liegt in der Alltags- und Fachsprache allerdings kein einheitliches Verständnis zugrunde (vgl. Dehnbostel 2000, S. 103). Besonders im angelsächsischen Raum findet zudem oftmals eine Gleichsetzung von informellem Lernen und Erfahrungslernen („experiential learning") statt. In den folgenden Ausführungen wird von einem Verständnis des informellen Erfahrungslernens ausgegangen, das sich auf das „direkte Verarbeiten von Primärerfahrungen zu jeweils handlungs- und problemlösungsrelevantem Wissen" (Dohmen 2001, S. 27) bezieht. Primärerfahrungen beruhen auf einer unmittelbaren Auseinandersetzung mit verschiedenen Reizstrukturen, Sinneseindrücken, Begegnungen, Informationen und Erlebnissen des direkten Lebenszusammenhangs. Diese können sowohl rationaler als auch intuitiver Art sein. Im Unterschied zum theoretischen und erfahrungsfremden formalen Lernen, das nach pädagogischen Gesichtspunkten organisiert wird, vollzieht sich das informelle Erfahrungslernen jenseits pädagogischer Intentionen im unmittelbaren Erleben der Umwelt (vgl. ebd., S. 27 f.).

Es kann aber erst dann von einem informellen Erfahrungslernen gesprochen werden, wenn eine vergleichende Reflexion der gesammelten Eindrücke vorgenommen wird und wenn diese „in bisher entwickelte Erfahrungs- und Vorstellungszusammenhänge eingefügt werden" (ebd., S. 28). Erst die reflexive Auseinandersetzung mit den gesammelten Primärerfahrungen führt zu dem Erwerb eines „Erfahrungswissens" (vgl. ebd., S. 28 f.). Die kritische Auseinandersetzung mit gesammelten Erfahrungen kann dabei sowohl von den Lernenden selbst als auch von außen eingeleitet werden (vgl. Kirchhof/Kreimeyer 2003, S. 224). Oftmals wird ein derartiger Reflexionsprozess durch veränderte Problemsituationen (Konflikte, Krisen, Veränderungen der Alltagswelt etc.) angestoßen und zwar häufig dann, wenn die durch Handlung erworbenen Erfahrungen nicht mehr zu einer erfolgreichen Bewältigung der Situationen ausreichen. Unter diesen Bedingungen erfolgt das Lernen somit nicht mehr beiläufig, sondern die Erfahrungen werden bewusst reflektiert. Von daher stehen sie nicht mehr unvermittelt nebeneinander, sondern werden miteinander verknüpft und gegeneinander abgewogen, eventuell auch umstrukturiert, in ihrem Bedeutungsgehalt neu geordnet und auf ihre Tauglichkeit zur Steuerung der alltäglichen Lebenswelt überprüft (vgl. Trier et. al. 2001, S. 164 f.).

Im Unterschied zum theoretisch und systematisch organisierten formalen Lernen ist das informelle Erfahrungslernen nicht auf die Aneignung von Regelkenntnissen und Theorien ausgerichtet. Vielmehr zielt es auf den Erwerb eines praktischen Problemlösungswissens ab, das sich aus dem unmittelbaren Erleben in der Umwelt ergibt. Ein solches Erfahrungswissen ist nicht mit einem systematischen Wissen zu vergleichen, da es in erster Linie auf einem wachsenden Erfahrungsschatz beruht. Gegen das Erfahrungslernen wird oftmals eingewendet, dass es sich dabei um ein pragmatisch-instrumentelles Lernen handelt, das nicht kritisch reflektiert wird. Denn das Erfahrungslernen zielt im Wesentlichen auf ein besseres Zurechtkommen in der Alltagswelt ab, ohne dass dazu Regeln oder Theorien herangezogen werden. Jedoch kann gerade unter Bedingungen hoher Komplexität oftmals nur pragmatisch, oberflächlich und auf den jeweiligen Kontext bezogen gelernt werden. Ebenso lassen viele Anforderungssituationen gerade dann keinen Raum für detaillierte Analysen und Reflexionen, wenn schnelle und routinierte Handlungen gefordert sind. Ein analysierendes und reflektierendes Vorgehen kann unter bestimmten Umständen sogar als hinderlich angesehen werden (vgl. Dohmen 2001, S. 29 f.).

Da informelles Erfahrungslernen auf einen individuellen Erfahrungsbereich begrenzt bleibt und es oftmals nicht kritisch reflektiert wird, muss das formale Lernen, um zu einem systematischen Wissen zu gelangen, hier anknüpfen. Umgekehrt trägt auch ein rein theoriebezogener Wissenserwerb nicht hinreichend zu einer praktischen Bewältigung der eigenen Lebenssituationen bei, da er keinen lebenspraktischen Bezug aufweisen kann. So gesehen können formales Lernen und informelles Erfahrungslernen nicht als zwei völlig voneinander losgelöste Lernkonzeptionen betrachtet werden, da beide Lernformen in einem wechselseitigen Ergänzungsverhältnis zueinander stehen (vgl. ebd., S. 30 f.).

Laur-Ernst betont, dass auch im Hinblick auf betriebliche Lernprozesse informelles Lernen nicht grundsätzlich mit Erfahrungslernen gleichgesetzt werden kann. Denn gerade in den arbeitsintegrierten Formen der Berufsbildung in Deutschland ist das Erfahrungslernen durch seine arbeitsnahe und handlungsorientierte Ausrichtung sowohl im schulischen als auch im betrieblichen Teil der Ausbildung von großer Bedeutung. Im Unterschied zum informellen Erfahrungslernen wird diese Form des Erfahrungslernens jedoch didaktisch strukturiert und vorbereitet. Dieses nach pädagogischen Aspekten planmäßig veranstaltete Erfahrungslernen (z.B. Lernstationen im Produktionsprozess, Projektausbildung, Erkundungen etc.) ist vom berufsrelevanten informellen Erfahrungslernen, das ungeplant und ohne didaktische Anleitung (z.B. bei Tätigkeiten an realen Arbeitsplätzen, im Berufsalltag oder im privaten Umfeld) erfolgt, zu unterscheiden (vgl. Laur-Ernst 2000, S. 164 ff.).

Trotz der von Laur-Ernst vorgenommenen Einschränkung existieren zahlreiche Berührungspunkte zwischen dem informellen Lernen und dem Erfahrungslernen. Beide Lernkonzeptionen ergeben sich aus dem unmittelbaren Erleben in der Umwelt jenseits pädagogischer Intentionen. Ebenso wie das informelle Lernen zielt auch das Erfahrungslernen nicht primär darauf ab, etwas zu lernen (im Sinne einer Aneignung von theoretischem Wissen und Regelkenntnissen), sondern es ist vor allem auf die Ausbildung von Handlungskompetenzen ausgerichtet. Insofern lassen sich beide Lernarten eher einem pragmatisch-instrumentellen Lernen zuordnen, das der unmittelbaren Bewältigung von Anforderungssituationen des Alltags dient, ohne dass dazu Erklärungen oder Theorien benötigt und herangezogen werden.

Eine Identifizierung, Bewertung und Anerkennung der durch das Erfahrungslernen erworbenen Kompetenzen gestaltet sich jedoch äußerst schwierig: Das erfahrungsgeleitete Lernen erfolgt unter komplexen Bedingungen, die eine Vielzahl von Handlungsspielräumen ermöglichen. Geht man von einem konstruktivistischen Lernprinzip aus, so werden sowohl die Lernprozesse als auch die Lernergebnisse interindividuelle Unterschiede aufweisen. Unter dem Gesichtspunkt der Erfassung und Anerkennung von Kompetenzen schlägt Dehnbostel vor, nicht den Lernprozess selbst, sondern die aus dem Erfahrungslernen resultierenden Lernergebnisse unter Anrechnungsgesichtspunkten zu betrachten (vgl. Dehnbostel 2000, S. 111).

2.3.4 Informelles Lernen im sozialen Umfeld

Betrachtet man das informelle Lernen als einen Prozess, der sich außerhalb von institutionalisierten Bildungseinrichtungen im unmittelbaren Lebenszusammenhang der Individuen vollzieht, so handelt es sich dabei immer auch um ein Lernen im persönlichen und sozialen Umfeld. Der Kompetenzerwerb im sozialen Umfeld vollzieht sich beiläufig oder zielgerichtet in der Familie, in der Freizeit, bei ehrenamtlichen Tätigkeiten und Mitgliedschaften in Vereinen sowie bei der Ausübung von Hobbys. Lernen im sozialen Umfeld umfasst somit all jene Tätigkeiten und Lernprozesse, die außerhalb von institutionalisierten Bildungsstätten, aber auch außerhalb beziehungsweise am Rande der regulären Erwerbsarbeit in sozialen Bereichen stattfinden. Infolgedessen lässt sich diese Lernart als ein lebenslanges Lernens bezeichnen, das in allen Lebensbereichen erfolgt und das zu einer Entwicklung und Erweiterung von Kompetenzen beitragen kann.

Für Erpenbeck und Sauer ereignet sich Lernen im sozialen Umfeld vor allem auf informellem Wege:

> „Der Mensch ist ein soziales Wesen. Alle Umgebung, die nicht unmittelbar institutionelle, organisationale Lernumgebung ist oder Arbeitsumgebung, die ein ständiges Umlernen erfordert, ist ebenfalls soziale Umgebung – z.B. Familie, Freundeskreis, Verein, Partei, Region – in der gelernt wird: vor allem auf informelle, weniger schon auf non-formelle, möglicherweise aber auch auf formelle Weise. Das informelle Lernen hat jedoch klar die Priorität" (Erpenbeck/Sauer 2000, S. 310).

Dieses alltägliche und selbstbestimmte, beiläufige oder zielgerichtete Tätigsein im sozialen Umfeld lässt sich nahezu als ein Paradebeispiel für informelle Lernprozesse anführen. Für Trier et alii stellen diese Tätigkeiten sogar eine „Domäne" (Trier et al. 2001, S. 186) des informellen Lernens dar. Informelles Lernen ist insofern ein alltägliches Lernen

2. Das informelle Lernen

im sozialen Umfeld, als es auf die Bewältigung konkreter Anforderungssituationen im individuellen Lebenszusammenhang jenseits einer pädagogischen Führung in besonderen (Weiter-)Bildungseinrichtungen zielt. Es erfolgt überwiegend in komplexen und durch Offenheit gekennzeichneten Situationen, in denen nicht auf bekannte Lösungswege zurückgegriffen werden kann. Informelles Lernen im sozialen Umfeld knüpft „an unmittelbare Aufgaben und Lebensprobleme an, es wird in der Regel nicht formal betrieben, sondern auf seinen Sinn für das Erreichen aktueller und auch prinzipieller Lebensziele befragt" (ebd., S. 19).

Der Begriff des „Lernens im sozialen Umfeld" (LisU) wurde in besonderem Maße durch die Studien der Arbeitsgemeinschaft Betriebliche Weiterbildungsforschung e.V. (ABWF) im Rahmen des Projektes Qualifikations-Entwicklungs-Management (QUEM) geprägt. Die ABWF hat ein eigenes Forschungs- und Entwicklungsfeld zu diesem Thema erarbeitet, das sich in erster Linie mit der Frage beschäftigt, inwieweit im sozialen Umfeld

> „tatsächlich Kompetenzen erhalten und entwickelt werden können, um Handlungsfähigkeit und gleichfalls Erwerbsfähigkeit gerade auch in gesellschaftlichen und wirtschaftlichen Veränderungsprozessen zu bewahren. Dabei ist mit 'Erwerbsfähigkeit' sowohl der Erhalt des Arbeitsplatzes, der Wiedereinstieg in Arbeit bei Arbeitslosigkeit als auch die Gestaltung neuartiger Felder erwerbssichernder Tätigkeiten gemeint" (Bootz 2006, S. 2).

Als primäres Ziel derartiger Forschungsprogramme lassen sich somit der Erhalt und der Ausbau von im Alltag erworbenen Kompetenzen zur Sicherung der individuellen Handlungs- und Beschäftigungsfähigkeit nennen. Hervorheben lässt sich in diesem Zusammenhang vor allem die Studie *„Informelles Lernen in alltäglichen Lebensführungen – Chance für berufliche Kompetenzentwicklung"* (Kirchhöfer 2000) der ABWF, in der die Prozesse des Lernens im sozialen Umfeld und deren Relevanz für die berufliche Kompetenzentwicklung beziehungsweise für den Erhalt und die Förderung von Kompetenzen am Beispiel ostdeutscher Erwerbstätiger systematisch untersucht wurden.

Das soziale Umfeld als pluraler Lebensraum eröffnet dem Individuum eine hohe Komplexität an Handlungs- und Lernkontexten. Wenngleich Kirchhöfer hervorhebt, dass „die Felder des informellen Lernens (..) so vielfältig wie die menschlichen Lebensäußerungen" (Kirchhöfer 2001, S. 113) sind, so lassen sich als mögliche *Lernfelder* insbesondere Aktivitäten in Vereinen, Verbänden, Projekten, Initiativen, Selbsthilfegruppen und in Familie (vgl. Bootz 2006, S. 1) und Nachbarschaft hervorheben.

Typische *Tätigkeiten* betreffen sportliche und künstlerisch-kulturelle Aktivitäten, Verrichtungen im Gemeinwesen (Betreuung von Alten, Kranken, Behinderten, Benachteiligten und Kindern), im Natur- und Umweltschutz, in der Dorf- und Stadtentwicklung, der

Freizeit, der Weiterbildung außerhalb formaler Bildungseinrichtungen und Ähnlichem (vgl. Trier et. al. 2001, S. 61).

Kirchhöfer kommt auf der Grundlage einer Analyse von Tagesabläufen ostdeutscher Erwerbstätiger zu dem Schluss, dass informelle Lernprozesse im sozialen Umfeld eindeutig vorherrschen. Die von ihm identifizierten Lernsituationen umfassten insbesondere Tätigkeiten, die sich hinsichtlich Rechts- und Finanzfragen, des Erlernens von Sprachen, familiärer Angelegenheiten, des Umgangs mit neuen Medien, der Krankenpflege/Hygiene/Ernährung, hinsichtlich der Haushaltstechnik, der Renovierungs- und Gartenarbeiten sowie der Kindererziehung und der Heimatkunde ergaben (vgl. Kirchhöfer 2000, S. 79). Vor allem kommunikative Lernformen nahmen eine dominierende Stellung ein, weshalb Kirchhöfer Gespräche (z.B. im Sinne eines Erfahrungsaustausches) als „Medium des Lernens" (Kirchhöfer 2001, S. 120) bezeichnet. Weitere Lernstrategien beruhten auf gezieltem Beobachten, Nachahmen, Erinnern, Vergleichen, Ausprobieren oder auf gedanklichem Problemhandeln (vgl. ebd., S. 119).

Aktivitäten im sozialen Umfeld können ausgesprochen lernförderlich sein, da sie eine Vielzahl von Lernanlässen bieten. Aus ihnen erwachsen neben einem Fachwissen insbesondere auch personale, soziale und methodische Kompetenzen. Bootz führt diesen Umstand in erster Linie auf die großen Spielräume und die Offenheit des sozialen Umfeldes zurück, die dem Lernenden nicht nur eine Vielzahl an Möglichkeiten zum Ausprobieren und Gestalten eröffnen, sondern die weiterhin solche Bereiche umfassen (z.B. Tätigkeiten in Vereinen), die unter anderem zu Toleranz, Teamfähigkeit und Kreativität anspornen. Aus diesem Grund entsenden beispielsweise einzelne Betriebe Arbeitnehmer in gemeinnützige Einrichtungen. Auch bei Personaleinstellungen wird das Umfeld (z.B. familiäre Situation, Hobbys, Mitgliedschaft in Vereinen, ehrenamtliche Tätigkeiten) der Bewerber berücksichtigt, um Aufschlüsse über deren soziale und personale Kompetenzen zu erhalten (vgl. Bootz 2006, S. 3).

Ob die Handlungsspielräume des sozialen Umfeldes jedoch als Chance für die Kompetenzentwicklung erkannt und genutzt werden, ist nicht nur von der Lernförderlichkeit der Kontexte, sondern in hohem Maße von dem Lernenden selbst abhängig. Wesentlich dafür sind zum einen seine Motivation, des Weiteren seine Kompetenz hinsichtlich der Selbstorganisation des Lernens und die Fähigkeit, diese Kompetenzen auf den beruflichen Bereich transferieren zu können (vgl. Kirchhöfer 2000, S. 7).

In der Praxis sieht es jedoch so aus, dass Tätigkeiten, die im sozialen Umfeld ausgeübt werden, nicht hinreichend anerkannt werden. Dies trifft insbesondere dann zu, wenn sie von Erwerbslosen vollzogen werden. Anders gestaltet sich dieser Umstand, wenn sie zusätzlich zur regulären Erwerbsarbeit ausgeübt werden: „Als zweites Engagement finden sie Resonanz, steigern meist das gesellschaftliche Ansehen, ihre soziale Bedeutsamkeit wird dann nicht in Frage gestellt" (Trier 1998, S. 223).

Um die Akzeptanz und eine Bilanzierung derartiger Kompetenzen zu fördern, wird zurzeit ein Kompetenznachweis „Lernen im sozialen Umfeld" entwickelt, der Angaben zum außerbetrieblichen und freiwilligen Engagement der Betroffenen enthalten soll. Ein solcher Kompetenzausweis kann neben dem persönlichen Nutzen, zum Beispiel im Sinne einer individuellen Standortbestimmung, auch in der Personalarbeit und -entwicklung eingesetzt werden (vgl. Bootz 2006, S. 3). Mit der vom Deutschen Jugendinstitut (DJI) und der Katholischen Arbeitnehmer-Bewegung (KAB) entwickelten „Kompetenzbilanz" existiert bereits jetzt ein derartiges Nachweisdokument, das die in der Familie erworbenen Kompetenzen erfasst und bewertet, um sie auch für die Erwerbstätigkeit nutzbar zu machen.[9]

2.3.5 Informelles Lernen im Prozess der Arbeit

Was allgemein unter „Lernen im Prozess der Arbeit" zu verstehen ist, scheint – zumindest was die Begriffsbestimmung angeht – nicht eindeutig geklärt zu sein. „Die Beschreibungen reichen von 'arbeitsplatznahes Lernen', 'arbeitsintegriertes Lernen', 'arbeitsbezogenes Lernen', 'Lernen im Prozess der Arbeit' bis 'Lernen durch Arbeit'" (Frank 2002, S. 287) sowie weiterhin von arbeitsprozessorientiertem Lernen bis hin zu dezentralem Lernen (vgl. Dehnbostel 2002, S. 39). Allen Bezeichnungen ist gemeinsam, dass sie auf einer Kombination von Lernen und Arbeiten beruhen, sodass in der Praxis normalerweise keine Differenzierungen zwischen diesen Begriffen vorgenommen werden. Weiterhin gehen sie von einer raumzeitlichen Entgrenzung von Arbeiten und Lernen aus. Denn sowohl Arbeits- als auch Lernprozesse sind nicht mehr zwingend an bestimmte Zeiten und Orte gebunden. Sie können sich immer und überall ereignen, wobei Überschneidungen möglich sind. Informelles Lernen im Prozess der Arbeit erfolgt jenseits didaktischer Unterstützungen durch die reflexive und tätige Auseinandersetzung mit den Arbeits- und Anforderungssituationen. Der informelle Kompetenzerwerb am Arbeitsplatz kann sich erfahrungsgeleitet, implizit, selbstgesteuert und selbstorganisiert vollziehen (vgl. Frank 2002, S. 287).

---

[9] Eine differenzierte Betrachtung der Kompetenzbilanz wird an späterer Stelle (vgl. Kap. 4.6) vorgenommen.

2. Das informelle Lernen

Eine differenzierte Betrachtung des Lernens am Arbeitsplatz nimmt Dehnbostel vor. Die nachfolgende Darstellung gibt einen Überblick über die von ihm im betrieblichen Kontext ermittelten Lern- und Wissensarten.

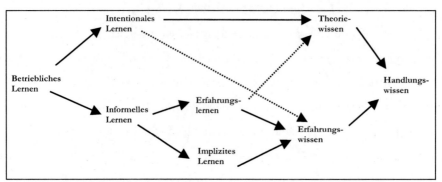

Darst. 2: Betriebliche Lern- und Wissensarten (Quelle: Dehnbostel 2000, S. 104)

Betriebliches Lernen unterscheidet grundsätzlich zwischen intentionalem und informellem Lernen. Das intentionale Lernen entspricht dem organisierten formalen Lernen, das auf die Vermittlung von festgelegten Lerninhalten und -zielen nach didaktisch-methodischen Gesichtspunkten ausgerichtet ist. Hingegen erfolgen informelle Lernprozesse am Arbeitsplatz jenseits pädagogisch strukturierter Vorgaben. Im Vordergrund steht in der Regel nicht primär die Absicht etwas zu lernen, sondern vielmehr die Bewältigung unternehmerischer und betrieblicher Handlungsziele und -zwecke. Infolgedessen stellen sich beim informellen Lernen vielfach Lernergebnisse ein, ohne dass diese explizit beabsichtigt wurden. Die informellen Lernprozesse am Arbeitsplatz lassen sich nach Dehnbostel wiederum in zwei Lernarten unterteilen: dem bewusst reflektierten Erfahrungslernen (bzw. dem reflexiven Lernen) und dem unreflektierten impliziten Lernen. Dies stellt jedoch eine rein analytische Trennung dar, da beide Lernarten in einer Wechselbeziehung zueinander stehen. Wie der Darstellung zu entnehmen ist, münden das aus informellen Lernprozessen resultierende Erfahrungswissen sowie das über formale Lernprozesse generierte Theoriewissen in einem Handlungswissen (vgl. Dehnbostel 2000, S. 103 ff.). Ersichtlich ist zudem, dass nicht nur informelle Lernprozesse zu einem Erfahrungswissen führen, sondern ebenso intentionales formales Lernen, welches immer auch informelle Lerninhalte umfasst. Außerdem bilden erfahrungsgeleitete Lernprozesse durch die reflektierende Verarbeitung von Erfahrungen eine Ergänzung des Theoriewissens (vgl. Dehnbostel 2002, S. 48).

Die betrieblichen Lern- und Wissensarten befinden sich demzufolge in einem komplementären Verhältnis zueinander. Im Beschäftigungssystem dominierten jedoch lange

2. Das informelle Lernen

Zeit didaktisch strukturierte und formal organisierte Lernangebote. Zunehmend setzt sich allerdings das Bewusstsein durch, dass vor allem die informellen, arbeitsintegrierten Formen des Lernens einen entscheidenden Beitrag zur Entwicklung und zum Erhalt der individuellen Handlungskompetenz leisten.

Die berufliche Erstausbildung sowie die betrieblich organisierte Weiterbildung können immer weniger den aktuellen individuellen und betrieblichen Anforderungen gerecht werden. Sie stoßen an ihre Grenzen. Eine Einbeziehung des informellen Lernens in den Arbeitsprozess kann dieses Missverhältnis kompensieren. In Abhängigkeit von der lernförderlichen Gestaltung der Arbeitsprozesse und der Motivation der Lernenden kann der Arbeitsplatz einen entscheidenden Beitrag zum informellen beruflichen Kompetenzerwerb leisten und somit als Lernort fungieren. Angesichts der eingangs erwähnten Entgrenzung von Arbeiten und Lernen, trägt das arbeitsintegrierte Lernen dazu bei, *zeitnah* auf aktuelle Anforderungen und Veränderungen des Beschäftigungssystems (z.B. technologischer Wandel, Wettbewerbsfähigkeit, organisatorische und strukturelle Veränderungen, Innovationsdruck) zu reagieren. Weiterhin erfordern „Enthierarchisierung, Dezentralisierung und neue Arbeitsformen wie halbautonome Gruppenarbeit (..) von den Beschäftigten ein selbstständiges und verantwortliches Arbeitshandeln, das auf das Erfahrungswissen der Mitarbeiter zurückgreift und zugleich einen Kompetenzzuwachs über neue Erfahrungen ermöglicht" (Dehnbostel 2003, S. 5). Zudem trägt das informelle Lernen am Arbeitsplatz auch zur Sicherung der individuellen Beschäftigungsfähigkeit des Einzelnen und damit zum Erhalt seines Arbeitsplatzes bei.

In einer bundesweiten Repräsentativbefragung von Erwerbstätigen durch das Bundesministerium für Bildung und Forschung (BMBF) wurde untersucht, welchen *quantitativen* Stellenwert das informelle Lernen am Arbeitsplatz einnimmt. Die Ergebnisse dieser Untersuchung wurden im „Berichtssystem Weiterbildung IX" (Kuwan/Thebis 2005) festgehalten.

2. Das informelle Lernen

Art des informellen beruflichen Kenntniserwerbs	Anteilswerte in % Bundesrepublik Deutschland
Lernen durch Beobachten und Ausprobieren am Arbeitsplatz	38
Lesen von berufsbezogener Fachliteratur am Arbeitsplatz	35
Unterweisung oder Anlernen am Arbeitsplatz durch Kollegen	25
Unterweisung oder Anlernen am Arbeitsplatz durch Vorgesetzte	22
Berufsbezogener Besuch von Fachmessen oder Kongressen	17
Unterweisung oder Anlernen am Arbeitsplatz durch außerbetriebliche Personen	13

TNS Infratest Sozialforschung 2004

Darst. 3: Beteiligung an verschiedenen Arten des informellen beruflichen Kenntniserwerbs bei Berufstätigen im Jahr 2003 in der Bundesrepublik Deutschland (Quelle: mit geringfügigen Änderungen übernommen aus Kuwan/Thebis 2005, S. 54)

Wie sich der Darstellung entnehmen lässt, kann sich das informelle Lernen am Arbeitsplatz auf sehr vielfältige Arten vollziehen. Bei etwa jedem zweiten bis dritten der Befragten erfolgte der informelle berufliche Kenntniserwerb durch Beobachten und Ausprobieren am Arbeitsplatz. Nahezu jeder Dritte las entsprechende Fachliteratur, um sich weiterzubilden. Fast jeder Vierte ließ sich durch Kollegen unterweisen und jeder Vierte bis Fünfte ließ sich durch Vorgesetzte anleiten. Etwa jeder sechste Arbeitnehmer besuchte entsprechende Fachmessen und Kongresse, um sich weiterzubilden und fast jeder Achte ließ sich durch außerbetriebliche Personen unterweisen und anlernen.[10]

Die Gesamtergebnisse, die die BSW-Studie über die quantitative Beteiligung an arbeitsintegrierten Lernformen liefert, sind beeindruckend: Im Jahr 2003 nahmen demnach 61 Prozent der Erwerbstätigen an verschiedenen Formen der informellen beruflichen Weiterbildung teil (vgl. ebd., S. 54). Demgegenüber konnten nur 41 Prozent der Erwerbstätigen zur Teilnahme an formalen Weiterbildungsmaßnahmen bewegt werden (vgl. ebd., S. 12). Die Beteiligung an verschiedenen Arten des informellen beruflichen Kenntniserwerbs ist allerdings in Abhängigkeit vom Qualifikationsniveau der Erwerbstätigen sowie hinsichtlich ihrer beruflichen Stellung recht unterschiedlich: „Manche Menschen lernen

---

[10] Weitere Formen des informellen beruflichen Lernens, die seltener in Anspruch genommen wurden, lassen sich der BSW-Studie entnehmen (vgl. Kuwan/Thebis 2005, S. 54).

2. Das informelle Lernen

nur minimal an ihrem Arbeitsplatz; während andere an demselben Arbeitsplatz beträchtliche Lerngewinne verzeichnen" (Laur-Ernst 2001a, S. 39). Den Ergebnissen der BSW-Studie zufolge nimmt das informelle Lernen am Arbeitsplatz vor allem mit steigender Qualifikation und bei Personen mit hoher beruflicher Position zu (vgl. Kuwan/Thebis 2005, S. 55, Tab. 8.2).

Unberücksichtigt blieb bislang die Frage nach der *Qualität* des informellen Lernens am Arbeitsplatz. Für Sauer ist es erwiesen, dass der „Return of Investment", wie er den Ertrag arbeitsintegrierter Lernformen bezeichnet, „nachweislich höher ist als bei traditionellen Formen der Weiterbildung" (Sauer 2000, S. 7), weil dieses Lernen sehr viel stärker praxisbezogen erfolgt. Die Betroffenen treten nicht mehr nur als „Konsumenten" von didaktisch präparierten Inhalten auf, sondern sie setzen sich – je nach Bedarf und individueller Nachfrage – selbsttätig mit bestimmten Problemhaltigkeiten auseinander. Weiterhin bietet das informelle Lernen am Arbeitsplatz im Unterschied zu planmäßig veranstalteten Weiterbildungen umfassendere und kostengünstigere Möglichkeiten, just-in-time auf betriebliche Veränderungsstrukturen, Wissensdefizite und Qualifikationsbedürfnisse zu reagieren. Auch für Reuther steht das arbeitsintegrierte Lernen

> „längst nicht mehr als Synonym für ein verkürztes oder defizitäres, auf unmittelbare Handhabung und Anwendung bezogenes sowie betriebliche Kosten sparendes Lernen, sondern eröffnet – bei entsprechender Arbeitsgestaltung – Optionen für ein wirtschaftlich effizientes, zunehmend selbstorganisiertes und persönlichkeitsförderndes Lernen" (Reuther 2006, S. 1).

Die genannten Vorzüge des informellen Lernens am Arbeitsplatz könnten Personalverantwortliche dazu verleiten, das informelle berufliche Lernen gegenüber organisierten Formen der betrieblichen Weiterbildung (z.B. Lehrgänge, Seminare) zu favorisieren oder zu ersetzen. Eine solche Sichtweise greift jedoch eindeutig zu kurz. Vielmehr besteht die Notwendigkeit, das arbeitsintegrierte Lernen mit traditionellen Formen der Weiterbildung zu verbinden. Angesichts der zunehmenden Komplexität und Abstraktheit der betrieblichen Anforderungssituationen, ist für Laur-Ernst eine systematische und professionelle Unterstützung der Mitarbeiter erforderlich:

> „Organisiertes, strukturiertes Lernen auch am Arbeitsplatz wird gebraucht. Alles nur der persönlichen Erfahrung und dem Selbstlernen zu überlassen, ist problematisch. Selbstgesteuertes Lernen, der Gewinn von übertragbaren, richtigen Erkenntnissen aus der Arbeit sowie anderer lebensweltlicher Zusammenhänge, und die individuelle Wahl von Bildungsangeboten haben ihre Grenzen. Eine einseitige Ausrichtung auf informelle Kompetenzentwicklung schafft zweifellos Probleme und neue Benachteiligungen" (Laur-Ernst 2001a, S. 37 f.).

Im gleichen Sinne äußert sich auch Dehnbostel, der betont, dass das informelle Lernen „ohne pädagogische Arrangements, ohne Organisation und Zielorientierung Gefahr läuft, zufällig und beliebig zu verbleiben" (Dehnbostel 2002, S. 38). Auch Severing sieht den informellen Kompetenzerwerb am Arbeitsplatz als „begrenzt, akzidentiell und in seinem Umfang und seiner Qualität unkalkulierbar" (Severing 2003, S. 3), sofern er keine professionelle Unterstützung erfährt. Umso erforderlicher ist die Schaffung eines Arbeitsumfeldes, das einerseits das lernende Subjekt stärker in den Mittelpunkt rückt, dabei aber anderseits eine ständige Unterstützung durch formal organisierte Weiterbildungsangebote gewährleistet.[11]

Empirischen Untersuchungen zufolge lässt sich das Arbeitsumfeld dann als lernförderlich bezeichnen, wenn

- die Arbeitstätigkeiten durch eine hinreichende Komplexität gekennzeichnet sind,
- den Mitarbeitern eine gewisse Autonomie zum selbstgesteuerten Handeln eingeräumt wird,
- Problemhaltigkeiten existieren, die zur eigenständigen, kreativen Problemlösung anregen,
- ausreichende Kommunikations- und Kooperationsstrukturen existieren und
- wenn die Unternehmenskultur so ausgerichtet ist, dass sie zu arbeitsintegrierten Lernprozessen einerseits anspornt und diese andererseits entsprechend honoriert (vgl. Laur-Ernst 2001a, S. 38 f.).

Das Vorhandensein dieser Strukturen schafft die grundlegenden Voraussetzungen zum informellen Kompetenzerwerb am Arbeitsplatz. Die lernfördernden beziehungsweise lernhemmenden Bedingungen des informellen beruflichen Lernens hängen neben der Qualität des Arbeitsplatzes auch von der Persönlichkeitsstruktur der Lernenden ab. Denn ob lernfördernde Arbeitsbedingungen auch tatsächlich von den Erwerbstätigen genutzt und ausgeschöpft werden, kann nicht garantiert werden. Deren Inanspruchnahme wird in hohem Maße von den Beschäftigten und ihren individuellen Voraussetzungen (z.B. Motivation, Lernfähigkeit und -strategien, Vorwissen, kognitive Wahrnehmungs- und Verarbeitungsmuster) selbst bestimmt (vgl. ebd., S. 39). Man kann niemanden nötigen, etwas zu lernen; hingegen kann man entsprechende Rahmenbedingungen und Anreize schaffen, die dazu auffordern, dass entsprechende Angebote von den Betroffenen wahrgenommen werden.

Bedenkt man, dass sich 61 Prozent der Erwerbstätigen an verschiedenen Formen des informellen Lernens am Arbeitsplatz beteiligen und dabei ein umfassendes Spektrum an berufsrelevanten Kenntnissen und Kompetenzen erwerben können, so wird deutlich, dass der Lernort Arbeitsplatz einen entscheidenden Beitrag zum informellen Kompe-

---

[11] Dezentrale Lernformen, die das informelle Erfahrungslernen mit dem intentionalen, organisierten Lernen verbinden, existieren zum Beispiel in Form von „Lerninseln", „Arbeits-Lern-Aufgaben" und „Qualitätszirkeln". Nähere Ausführungen, insbesondere zu den Lerninseln, lassen sich Dehnbostel entnehmen (vgl. Dehnbostel 1998).

2. Das informelle Lernen

tenzerwerb leisten kann. Zudem ermöglicht informelles Lernen am Arbeitsplatz – im Unterschied zu punktuell angebotenen Seminaren und Lehrgängen – eine kontinuierliche und vor allem zeitnahe Anpassung der berufsrelevanten Kompetenzen an individuelle *und* betriebliche Bedürfnisse. Nach Dehnbostel werden arbeitsintegrierte Lernprozesse und deren Resultate gegenwärtig sogar „vielfach als maßgebliche Produktivkraft" (Dehnbostel 2003, S. 5) betrachtet. Wenn nun dem informellen Lernen am Arbeitsplatz eine solch hohe Bedeutung zukommt, so stellt sich die Frage, ob und in wieweit die in diesem Kontext erworbenen Kompetenzen eine angemessene Honorierung erfahren. Eine Analyse der gegenwärtigen Verfahren zur Identifizierung, Bewertung und Anerkennung informeller beruflicher Kompetenzen wird an anderer Stelle dieser Arbeit vorgenommen.[12]

---

[12] Vgl. dazu Kap. 4.5.

3. Identifizierung, Bewertung und Anerkennung informell erworbener Kompetenzen

In diesem Kapitel wird in einem ersten Schritt den Fragen nachgegangen, welche Interessen und Anliegen mit einer Identifizierung, Bewertung und Anerkennung von informell erworbenen Kompetenzen einhergehen. Anschließend werden häufig angewendete Ansätze und Verfahren vorgestellt, anhand derer sich die oft unsichtbaren Kompetenzen erfassen und anschließend bewerten lassen, um in einem nächsten Schritt zu untersuchen, welche Schwierigkeiten mit der Messung von Kompetenzen verbunden sind. Weiterhin geht es um den Prozess der Anerkennung von Kompetenzen, in dessen Zusammenhang unterschiedliche Anerkennungsmöglichkeiten vorgestellt werden. Schließlich wird der Frage nachgegangen, welche Voraussetzungen erfüllt sein müssen, damit die aus den Anerkennungsverfahren resultierenden Kompetenznachweise auf einer breiten Ebene akzeptiert werden.

3.1 Ziele und Absichten

Die folgenden Ausführungen behandeln die Frage, welche Ziele und Zwecke mit einer Identifizierung, Bewertung und Anerkennung informell erworbener Kompetenzen verbunden sind. Angesichts des Umstandes, dass die Ergebnisse informeller Lernprozesse in Deutschland gegenwärtig nicht hinreichend anerkannt werden, ist ihre Verwertbarkeit auf dem Arbeitsmarkt und im formalen Bildungssystem nur sehr bedingt beziehungsweise gar nicht möglich. Aber nur wenn die Potenziale und Ressourcen eines Einzelnen eine hinreichende Erfassung, Bewertung und Anerkennung erfahren – und zwar unabhängig davon, auf welchem Wege sie erworben wurden –, kann informell erworbenen Kompetenzen auch ein entsprechender Stellenwert beigemessen werden.

Die *USA* können diesbezüglich auf eine vergleichsweise lange Geschichte zurückblicken: Aufgrund der Tatsache, dass etliche Soldaten infolge des Zweiten Weltkrieges keine formalen (Berufs-)Abschlüsse nachweisen konnten, fanden viele von ihnen keine Anstellung auf dem Arbeitsmarkt. Um dieser Personengruppe dennoch den Zugang zur Erwerbsarbeit zu ermöglichen, wurden Verfahren zur Dokumentation von Kompetenzen entwickelt, die außerhalb des formalen Bildungssystems erworben wurden (vgl. BMBF 2004, S. 42).

3. Identifizierung, Bewertung und Anerkennung informell erworbener Kompetenzen

Auch in der bildungspolitischen Diskussion auf *europäischer Ebene* gewinnen Fragen bezüglich der Erfassung, Bewertung und Anerkennung non-formal und informell erworbener Kompetenzen vor allem im Zusammenhang mit Diskussionen über die Förderung des lebensbegleitenden Lernens an Bedeutung. So wird im *„Weißbuch zur allgemeinen und beruflichen Bildung. Lehren und Lernen. Auf dem Weg zur kognitiven Gesellschaft"* der Europäischen Kommission die Notwendigkeit einer Akkreditierung von Teilkompetenzen ausdrücklich hervorgehoben, um die Weiterentwicklung von Kompetenzen anzuregen und zu unterstützen. Dort heißt es:

> „Die optimale Nutzung des Wissens, das sich der einzelne im Laufe seines Lebens angeeignet hat, setzt die **Eröffnung neuer Formen der Anerkennung von Kompetenzen** voraus" (Europäische Kommission 1995, S. 48). „Hier geht es nicht mehr um eine Qualifizierung im weiten Sinne, sondern um Kompetenzen in allgemeinen oder beruflichen Wissenszweigen (…). Dieses Streben nach Teilkompetenzen kann auch für Erwachsene in Frage kommen, die sich autodidaktisch oberflächliche Kenntnisse (…) angeeignet haben und nun zu ihrer Vertiefung ermutigt werden. Selbstverständlich würde ein derartiges Akkreditierungssystem es ermöglichen, daß das im Betrieb erworbene technische Wissen, das vom Unternehmen meistens intern bewertet wird, auf breiterer Basis Anerkennung findet" (ebd., S. 24).

Hieraus folgt, dass es in einer kognitiven Gesellschaft jedem Menschen ermöglicht werden muss, seine Fähigkeiten anerkennen zu lassen und zwar unabhängig von der Art ihres Erwerbs. Aus diesem Grund plädiert die EU-Kommission für die Einführung eines „persönlichen Kompetenzausweises", in dem die in verschiedenen Lebensphasen erworbenen Kompetenzen ihren Niederschlag finden sollen.

> „Ziel ist, daß sich beispielsweise jemand ohne Berufsabschluß bei einem Arbeitgeber vorstellt und einen beurkundeten Nachweis über schriftlichen Ausdruck, Sprachkenntnisse, Erfahrung mit Tabellenkalkulation und Textverarbeitung vorlegen kann, um so ein Interesse für die Kombination der beherrschten Teilkompetenzen zu wecken, ohne über den qualifizierenden Nachweis eines Abschlusses im Sekretariatswesen zu verfügen" (ebd., S. 29).

Auch das *„Memorandum über Lebenslanges Lernen"* der Kommission der Europäischen Gemeinschaften setzt sich mit Fragen bezüglich der Bewertung von außerhalb des formalen Bildungswesens erworbenen Kompetenzen auseinander. Von sechs Grundbotschaften zur Förderung des lebenslangen Lernens (vgl. Kommission der Europäischen Gemeinschaften 2000, S. 12) thematisiert eine die Bewertung non-formalen und informellen Lernens. Begründet sieht die EU-Kommission dies in der steigenden Nachfrage an qualifizierten Arbeitskräften einerseits sowie in einem immer stärkeren Wettbewerb auf dem Arbeitsmarkt andererseits, was zu **„einer bisher nicht gekannten Nachfrage nach zertifiziertem Lernen"** (ebd., S. 18) führt. Um diesem Umstand gerecht zu werden, fordert die EU-Kommission die Entwicklung eines europaweit gültigen Systems zur Anrechnung von Studienleistungen („*Accreditation of Prior and Experiential Learning –*

APEL"), das eine Bewertung und Anerkennung non-formal und informell erworbener Kompetenzen ermöglichen soll (vgl. ebd., S. 18).

Vorteile und Chancen, die sich aus einer Identifizierung, Bewertung und Anerkennung informell erworbener Kompetenzen ergeben, beziehen sich sowohl auf die individuelle und gesamtgesellschaftliche als auch auf die betriebliche und bildungspolitische Ebene. Für Laur-Ernst reichen sie

> „von der Absicht, die betrieblichen und staatlichen Weiterbildungskosten auf den einzelnen zu verlagern über die Überwindung der strukturbedingten Lücke zwischen Qualifikationsbedarf der Wirtschaft und Qualifikationsangebot des Bildungssystems bis hin zum Zurückdrängen formalisierter (staatlich regulierter) Weiterbildungsgänge zugunsten des freien Bildungsmarktes oder zu einer Stärkung der Rolle des Individuums bei der Gestaltung seines Kompetenzprofils" (Laur-Ernst 2001c, S. 113).

Weiterhin könnte dadurch eine Stärkung der Bildungsbeteiligung sowie eine Erhöhung der Durchlässigkeit und Effizienz des Bildungssystems (vgl. Kath 2005, S. 7) erreicht werden, was auch von bildungspolitischem Interessen ist. Auf individueller Ebene könnten durch die Auseinandersetzung mit der persönlichen Kompetenzbiografie eine Steigerung des Selbstwertgefühls, eine Stärkung der persönlichen Entwicklung sowie die Fähigkeit zur Selbstreflexion erreicht werden (vgl. Frank 2005, S. 11). Zudem würden ehrenamtlich engagierte Personengruppen eine Wertschätzung und Honorierung ihrer Tätigkeiten erfahren, wenn diese erfasst und anerkannt werden (vgl. Sauer 2003, S. 23). Angesichts des raschen Wandels in den Bereichen der Technologie, der Wirtschaft und der Märkte würde zudem ein nicht zu unterschätzender Beitrag zur Sicherung der individuellen Beschäftigungsfähigkeit geleistet werden. Die Dokumentation entsprechender Kompetenzen würde einem Beschäftigten weiterhin die berufliche (Wieder-)Eingliederung erleichtern (vgl. Münchhausen 2005, S. 15); darüber hinaus könnte seine Stellung auf dem Arbeitsmarkt eine Aufwertung erfahren (vgl. Bjørnåvold 1997a, S. 6). Außerdem könnten solchen Personenkreisen Wege zur Erwerbstätigkeit oder zur Teilnahme an weiterführenden Bildungsgängen eröffnet werden, die nicht die dazu normalerweise erforderlichen Nachweise (Zeugnisse, Diplome etc.) vorweisen können. Die daraus resultierende Verminderung von Zugangsbarrieren könnte nicht nur zu einer Erhöhung des gesamtgesellschaftlichen Kompetenzniveaus (vgl. Frank 2005, S. 11) beitragen, sondern darüber hinaus auch zu einer Förderung der Chancengleichheit (vgl. Münchhausen 2005, S. 15) von benachteiligten Personen, die aus unterschiedlichen Gründen keinen Abschluss im (Berufs-)Bildungssystem erworben haben. Schließlich könnten auch Betriebe von einer Anerkennung und Bewertung informell erworbener Kompetenzen profitieren. Dies betrifft beispielsweise die Besetzung von Führungsposten, da überfachliche Kompetenzen sozialer und personaler Art einen immer höheren Stellenwert einnehmen. Die Erfassung und Bewertung von Kompetenzen könnten auch hinsichtlich der Mitarbeiterbeurteilung, der Einstufung in bestimmte Lohn- und Gehaltsgefüge, der Erstellung von Arbeitszeugnissen, hinsichtlich eines Arbeitsplatzwechsels und auch bei Entscheidungen bezüglich eines Personalabbaus dienlich sein (vgl. Weiß 1999, S. 457).

Zusammenfassend lässt sich festhalten, dass die Identifizierung, Bewertung und Anerkennung von informell erbrachten Leistungen auf eine Verbesserung des persönlichen Status sowie der Chancen auf dem Arbeitsmarkt und im Bildungssystem abzielen kann (vgl. Münchhausen 2005, S. 15). Es ließe sich eine gesteigerte Lernmotivation, eine Verringerung von Zugangsbarrieren und eine Anhebung des allgemeinen Kompetenzniveaus erreichen, sodass ein entscheidender Beitrag zur Förderung des lebenslangen Lernens geleistet werden könnte. Aufgrund dieser Erfordernisse stellt sich die Frage, welche Verfahren geeignet sind, um informell erworbene Kompetenzen zu identifizieren und zu bewerten.

3.2 Verfahren zur Identifizierung und Bewertung

Kompetenzfeststellungsverfahren lassen sich zunächst hinsichtlich ihrer Funktion unterscheiden:

Verfahren, die eine *formative Funktion* erfüllen, sind darauf ausgerichtet, Kompetenzen zu erfassen, um Informationen über die Kompetenzentwicklung zu erhalten. Indem sie darauf abzielen, persönliche Stärken und Schwächen sichtbar zu machen, dienen sie einer individuellen Standortbestimmung. Da jedoch keine formale Anerkennung dieser Kompetenzen erfolgt, lassen sich daraus infolgedessen keine Rechtsansprüche (vgl. Frank 2005, S. 11 f.) oder Zugangsberechtigungen ableiten. Bjørnåvold spricht in diesem Zusammenhang auch von einer *gestaltenden* Funktion der Verfahren (vgl. Bjørnåvold 2001, S. 15).

Daneben können Feststellungsverfahren zudem eine *summative Funktion* erfüllen und zwar dann, wenn die Erfassung und Bewertung des informell Gelernten in einer formalen Anerkennung mit individuellen Rechtsansprüchen und Zugangsberechtigungen münden. Dem Individuum wird auf diese Weise beispielsweise der Zugang zu weiterführenden allgemeinen oder beruflichen Bildungsgängen ermöglicht (vgl. Frank 2005, S. 11 f.). Folglich liegt der Zweck summativer Verfahren zur Erfassung und Bewertung von Kompetenzen darin, formale Nachweise über erbrachte Lernleistungen zu liefern, weshalb Bjørnåvold diese auch als *bilanzierend* kennzeichnet (vgl. Bjørnåvold 2001, S. 43).

Im Folgenden werden häufig angewendete Verfahren vorgestellt, anhand derer sich die oft unsichtbaren Kompetenzen erfassen und bewerten lassen. Je nach Zielsetzung können diese sowohl eine formative als auch eine summative Funktion erfüllen. Angesichts der großen Vielfalt unterschiedlicher Methoden, werden einige an dieser Stelle nur exemplarisch dargestellt.

Arbeitsproben und Simulationen:
Arbeitsproben und simulierte Arbeitssituationen werden eingesetzt, um Aussagen über die Potenziale des Betroffenen zu erhalten. Im Mittelpunkt der Betrachtungen steht das aktuelle und beobachtbare Verhalten, von dem aus Rückschlüsse auf das zu erwartende zukünftige Verhalten gezogen werden sollen (vgl. Moser 2003, S. 47). Hierzu zählt auch das *Assessment-Center-Verfahren*. Dabei handelt es sich um ein eignungsdiagnostisches und prognostisches Instrument, das häufig bei Neueinstellungen und in der Personalentwicklung eingesetzt wird. Dieses Verfahren basiert auf einer breiten Methodenvielfalt. Zu den gängigsten Methoden zählen Plan- und Rollenspiele, simulierte Arbeitssituationen sowie Tests und Interviews, bei deren Durchführung ein Teilnehmer von mehreren Beobachtern beurteilt wird („Mehr-Augen-Prinzip"). Im Mittelpunkt dieses Verfahrens steht nicht die Erfassung fachlicher, sondern die Identifizierung überfachlicher Kompetenzen (z.B. Durchsetzungsfähigkeit, Kommunikationsfähigkeit, Belastbarkeit etc.).

Biografiearbeit:
Erpenbeck und Heyse verstehen unter dem biografischen Ansatz „**ein Verfahren des narrativen Interviews, das Elemente des fokussierten und des problemzentrierten Interviews einbezieht, allerdings in Form von Selbstfokussierung und Selbstzentrierung durch den Interviewten**" (Erpenbeck/Heyse 1999, S. 228). Mit diesem Ansatz soll unter Anleitung eines Beraters eine Auseinandersetzung mit der eigenen Biografie erreicht werden, um auf diese Weise informell erworbene Kenntnisse sichtbar zu machen. Das vorrangige Ziel ist, die berufliche Karriere des Betroffenen besser planen zu können. Selbstreflexionsprozesse richten infolgedessen das Augenmerk auf Entwicklungen und Potenziale der Betroffenen (vgl. Wittwer 2003, S. 33).

3. Identifizierung, Bewertung und Anerkennung informell erworbener Kompetenzen

Portfolio-Ansätze:

Informell erworbene Kompetenzen lassen sich weiterhin durch die Erstellung von Portfolios dokumentieren und bewerten. Portfolios sind eine Zusammenstellung erbrachter Leistungen in Form von Belegen und Nachweisen, von Arbeitszeugnissen, Arbeitsproben, (Abschluss-)Zeugnissen, Bescheinigungen über ehrenamtliches Engagement, Empfehlungsschreiben und Ähnlichem. Das an späterer Stelle[13] vorgestellte Verfahren der *„bilans de compétences"* basiert auf einem solchen Portfolio-Ansatz.

Arbeitszeugnisse:

Arbeitzeugnisse werden auf Wunsch des Mitarbeiters nach Beendigung von Arbeitsverhältnissen, aufgrund betrieblicher Umstrukturierungen oder aufgrund eines angestrebten Arbeitsplatzwechsels ausgestellt. Sie dokumentieren eine Auflistung ausgeübter Tätigkeiten und Leistungsbewertungen und treffen Aussagen über personale und soziale Kompetenzen des Arbeitnehmers.

Mitarbeitergespräche und -beurteilungen:

Verfahren der Mitarbeiterbeurteilung „werden nicht nur zur Absicherung unmittelbar geplanter Personalentscheidungen, sondern zunehmend zur Entscheidungsvorbereitung im Rahmen einer längerfristig angelegten Personalstrategie eingesetzt" (Weiß 1999, S. 477 f.). Derartige Beurteilungen werden in der Regel eher peripher von den Vorgesetzten vorgenommen. Besonders in Großbetrieben gründet sich die Bewertung von Mitarbeitern oftmals auf „ein- oder wechselseitig vorgenommene Einstufungen in Kompetenzlisten, auf zusammenfassende schriftliche Beurteilungen und auf Gespräche zwischen Mitarbeiterin/Mitarbeiter und Vorgesetzten" (Bretschneider/Gnahs 2005, S. 31 f.). Auf der Grundlage solcher Beurteilungen können Maßnahmen für die berufliche Weiterbildung beziehungsweise für die Personalentwicklung erarbeitet werden (vgl. ebd., S. 32).

Welche der genannten Methoden am besten geeignet zu sein scheint, um informell erworbene Kenntnisse zu identifizieren und zu bewerten, lässt sich nicht ohne Weiteres sagen. Zum einen sind informelle Lernprozesse durch eine ausgesprochene Komplexität gekennzeichnet. Dies impliziert zugleich, dass sie sich grundsätzlich auf vielfältigen Wegen und in unterschiedlichen Kontexten vollziehen können. Die Bewusst- und Sichtbarmachung eines implizit erworbenen Wissens bedarf folglich anderer Methoden als die der Erfassung von Lernprozessen, die intentional und zielgerichtet erfolgen. Weiter-

---

[13] Vgl. Kap. 5.1.1.

hin sind die zum Einsatz kommenden Verfahren immer auch davon abhängig, zu welchem Zweck die Erfassung und Bewertung vorgenommen wird. Dies bedeutet, dass Ansätze und Verfahren, die eine summative Funktion verfolgen, unter Umständen andere Methoden erfordern als Verfahren, die eine Bewertung auf formativer Basis anstreben.

3.3 Problematik der Erfassung und Bewertung

Weiß hebt in seinen Ausführungen hervor, dass sich die Bewertung und Anerkennung von Kompetenzen aus wissenschaftlicher Perspektive „gleichwohl als ein spekulatives, konzeptionell wie methodisch höchst problematisches Unterfangen" (Weiß 2001, S. 185) darstellt. Ebenso weist auch Bjørnåvold darauf hin, dass jede Bewertung informell erworbener Kompetenzen „zwangsläufig zu einer Vereinfachung" (Bjørnåvold 1997b, S. 78) führt. Die Identifizierung und Bewertung informell erworbener Kompetenzen gestaltet sich aus verschiedenen Gründen als äußerst schwierig: Ein Problemaspekt liegt in der allgemeinen Heterogenität des Kompetenzverständnisses begründet. Weitere Schwierigkeiten ergeben sich aus dem kontextuellen und oftmals impliziten Charakter informellen Lernens sowie aus dem Bestreben, Gültigkeit, Zuverlässigkeit und Objektivität der Verfahrensweisen sicherzustellen.

3.3.1 Heterogenität des Kompetenzverständnisses

Sowohl in der Alltags- als auch in der Fachsprache wird der Kompetenzbegriff äußerst vielschichtig verwendet. Er wird „weder einheitlich gebraucht noch immer zutreffend angewendet" (Bunk 1994, S. 9). Es scheint eine inflationäre Anwendung des Kompetenzbegriffs vorzuherrschen, die je nach wissenschaftlicher Disziplin und oft sogar innerhalb der gleichen Disziplin differiert. Das Fehlen einer allgemeingültigen Definition legt die Befürchtung nahe, „daß sich die Verwirrung, die lange Zeit über die Bedeutung des Begriffs 'Qualifikation' herrschte, nun in Bezug auf den Begriff 'Kompetenz' wiederholen wird" (Grootings 1994, S. 5). Wenn Kompetenzen jedoch erfasst, beurteilt und anerkannt werden sollen, so ist es zwingend notwendig, eine einheitliche Begriffsklärung festzulegen. Nur aufgrund dessen lassen sich informell erworbene Kompetenzen angemessen miteinander vergleichen. Anderenfalls wären auch entsprechende Untersuchungsergebnisse zum informellen Kompetenzerwerb nicht oder nur bedingt aussagekräftig.

3. Identifizierung, Bewertung und Anerkennung informell erworbener Kompetenzen

Im Folgenden werden einige Definitionsansätze vorgestellt, was angesichts der beschriebenen Diversität jedoch nur bruchstückhaft geschehen kann.

Für *Erpenbeck und Heyse* stellen Kompetenzen „*Selbstorganisationsdispositionen des Individuums*" (Erpenbeck/Heyse 1999, S. 157) dar. Selbstorganisiert werden „in der Regel **Handlungen**, deren Ergebnisse aufgrund der Komplexität des Individuums, der Situation und des Verlaufs (…) nicht oder nicht vollständig voraussagbar sind. (…) Die unterschiedlichen **Dispositionen** (Anlagen, Fähigkeiten, Bereitschaften), eben diese Handlungen **selbstorganisiert** auszuführen, bilden unterschiedliche **Kompetenzen**" (ebd., S. 157). Die Erfassung von Kompetenzen lässt sich folglich nur aus der Realisierung ihrer Dispositionen erreichen. Eine unmittelbare und direkte Prüfung von Kompetenzen ist hingegen nicht möglich (vgl. Erpenbeck 1997, S. 311).

Franke definiert Kompetenzen als „Konfigurationen von strukturellen und funktionellen Personmerkmalen, die es dem Individuum in komplexen Situationen ermöglichen, Anforderungen zu bewältigen" (Franke 2005, S. 35). Ein Indikator für Kompetenz stellt für Franke eine Performanz in komplexen Anforderungssituationen dar. Hohe Performanz bedeutet für ihn „effiziente, zuverlässige und dauerhafte Erbringung herausragender Leistungen und eine geringe Fehlerquote beim Handeln" (ebd., S. 36).

Für *Bunk* verfügt derjenige über berufliche Kompetenzen, „der über die erforderlichen Kenntnisse, Fertigkeiten und Fähigkeiten eines Berufs verfügt, Arbeitsaufgaben selbständig und flexibel lösen kann sowie fähig und bereit ist, dispositiv in seinem Berufsumfeld und innerhalb der Arbeitsorganisation mitzuwirken" (Bunk 1994, S. 10). Kompetent ist für Bunk somit derjenige, der über Befähigungen zum beruflichen Handeln verfügt.

Reetz versteht unter Kompetenz Fähigkeiten, „die dem situationsgerechten Verhalten zugrunde liegen und dieses erst ermöglichen" (Reetz 2006, S. 305). Berufliche Handlungskompetenz entspricht demnach einem entwickelten Potenzial beruflicher Fähigkeiten, welches den Betroffenen dazu befähigt, den Leistungsanforderungen beruflicher Anforderungssituationen entsprechend zu handeln (vgl. ebd., S. 305).

Für das *BMBF* zielt der Kompetenzbegriff „mit seiner Fokussierung auf individuelle Dispositionen (…) auf das Potenzial der Individuen, das aus ihren Kenntnissen, Fertigkeiten und Fähigkeiten als kognitive Voraussetzungen des Handelns besteht und darüber hinaus auch ihre Bereitschaft zum Handeln umfasst" (BMBF 2004, S. 145).

Die Auflistung unterschiedlicher Kompetenzdefinitionen ließe sich beliebig fortsetzen. Ähnlich verhält es sich mit der generellen Verwendung des Begriffs: Die Eingabe des

Suchbegriffs „Kompetenz" in die Suchmaschine Google ergab nicht weniger als 20.100.000 Treffer (Stand: 16.12.2006), knapp zwei Wochen später (29.12.2006) waren es bereits 20.500.000 Treffer. Es ist anzunehmen, dass sich dieser Trend fortsetzen wird. Angesichts des beschriebenen inflationären Gebrauchs des Kompetenzbegriffs sprechen Geißler und Orthey von einer „Kompetenzeuphorie" (Geißler/Orthey 2002, S. 70) und von einem Trend zur Kompetenz, ja sogar von einem Kompetenz-Boom, der den Trend zum Begriff der „Schlüsselqualifikationen" abgelöst hat. Die zunehmende Beliebtheit, die der Bezeichnung Kompetenz zukommt, stellt für sie „Teil eines Sprachspielwettbewerbs [dar, Anm. d. Verf.], der dem Neuen größeres Interesse zukommen lässt als dem Älteren" (ebd., S. 69). Im Wettbewerb um eine höhere Aufmerksamkeit und um einen Statusgewinn neigen immer mehr Wissenschaftler zu einer „aufmerksamkeitsheischende[n] Platzierung neuer Begrifflichkeiten mit verdünnter Sinnsubstanz und geringem Klärungswert" (ebd., S. 69). Auch für Arnold ist es fraglich, „ob die Begriffe 'Kompetenz' und 'Kompetenzentwicklung' nicht lediglich eine neue Begriffsmode im Reigen einer sich hochschaukelnden Fachrhetorik sind" (Arnold 2002, S. 27).

Angesichts einer solchen definitorischen Problematik gilt es darzulegen, welches Kompetenzverständnis den folgenden Ausführungen zugrunde gelegt wird. Bezug genommen wird auf Noam Chomsky, der als Linguistikforscher bereits vor 30 Jahren in seinem *Kompetenz-Performanz-Modell* eine Differenzierung zwischen Sprachkompetenz einerseits und Performanz andererseits vornahm. *Competence* definiert Chomsky als die „Kenntnis des Sprecher-Hörers von seiner Sprache", wohingegen *performance* den „aktuelle[n] Gebrauch der Sprache in konkreten Situationen" (Chomsky 1978, S. 14) bezeichnet. Über Sprachkompetenz verfügt folglich derjenige, der die Regeln und Prinzipien seiner Sprache kennt. Performanz äußert sich in ihrer Anwendung, also in der Bildung von Sätzen (vgl. Hofer 2004, S. 15). Während sich die Kompetenz einer Person auf ihre Dispositionen bezieht, äußert sich ihre Performanz im konkreten Handlungsvollzug. Demnach kann Kompetenz nur über ihre Performanz erschlossen werden. Folglich lässt sich eine Erfassung von Kompetenzen nur über konkret beobachtbare Handlungen und Verhaltensweisen erreichen. Für ihre Identifizierung und Bewertung bedeutet dies, dass reale oder simulierte Handlungssituationen geschaffen werden müssen, die es den Individuen erlauben, ihre Kompetenzen zu demonstrieren.

3.3.2 Impliziter und kontextueller Charakter des informellen Lernens

Neben dem Fehlen eines einheitlichen Kompetenzverständnisses gestaltet sich die Erfassung und Bewertung informeller Lernleistungen auch deshalb als problematisch, weil sich Lernprozesse nicht nur intentional und zielgerichtet, sondern ebenso auch auf implizitem Wege vollziehen können.[14] Dieser Umstand bewirkt, dass es äußerst schwierig und voller Risiken ist, „implizites und intuitives Wissen in amtlich bescheinigte Wissensbestandteile zu verwandeln" (Bjørnåvold 2001, S. 40), denn erfasst werden können nur bewusste Lernprozesse.

Um diesen Sachverhalt näher zu verdeutlichen, erfolgt an dieser Stelle ein kurzer Rückblick auf die grundlegenden Prinzipien impliziten Lernens:

- Implizites Lernen erfolgt nicht intendiert. Infolgedessen sind sich die Betroffenen ihrer Kompetenzen oftmals nicht bewusst; sie erwerben ein „stummes" Wissen.
- Selbst wenn sie sich ihrer Kompetenzen bewusst werden, können sie diese nur bedingt verbalisieren.
- Ein in expliziter Form erworbenes Wissen kann durch Routine in implizites Wissen übergehen. Dies führt dazu, dass sich ein gewisser Automatismus im Wissen und Handeln des Betroffenen einstellt und er darüber nicht mehr bewusst reflektiert.

Damit implizit erworbene Kenntnisse und Kompetenzen bewertet und anerkannt werden können, ist ihre Identifizierung jedoch unabdingbar. Nur so ist es möglich, diese Kompetenzen und Ressourcen, sei es auf dem Arbeitsmarkt oder im Bildungssystem, voll ausschöpfen zu können.

Angesichts des Umstandes, dass sich das auf implizitem Wege Gelernte nicht ohne Weiteres in Worte fassen lässt und sich die praktische Kompetenz einer Person in ihrer Performanz äußert, müssen Handlungssituationen geschaffen werden, in denen diese Kompetenzen zum Tragen kommen. Hier bieten die bereits angesprochenen Assessment-Center-Verfahren einen möglichen Ansatz, implizit erworbene Kompetenzen zu identifizieren. Neben sprachbasierten Gruppendiskussionen, Rollenspielen und Ähnlichem bedienen sie sich weiterer Methoden, die keiner Versprachlichung bedürfen. Würde man beispielsweise einen Fliesenleger dazu auffordern, den Handlungsablauf seiner Tätigkeit zu verbalisieren, würde ihm eine solche Beschreibung aufgrund des impliziten

---

[14] Vgl. dazu Kap. 2.3.1.

Charakters seines Könnens unter Umständen nicht gelingen. In Assessment-Centern erhält der Betroffene die Möglichkeit, sein Können praktisch in realen oder simulierten Anforderungssituationen unter Beweis zu stellen.

Auch Weiß betont, „daß implizites Wissen nicht einfach abgerufen, in beschreibbare Einheiten verpackt und an andere weitergegeben werden kann. Implizites Wissen artikuliert sich erst in konkreten Anwendungs- und Handlungssituationen" (Weiß 1999, S. 454). Da derartige Verfahren jedoch mit einem hohen Kosten- und Zeitaufwand verbunden sind, sieht Bjørnåvold Grenzen, die von der „wirtschaftlichen und praktischen Machbarkeit" (Bjørnåvold 2001, S. 40) gesetzt werden.

Schwierig gestaltet sich die Messung von Kompetenzen auch, weil diese stets an die Kontexte gebunden sind, in denen sie erworben wurden oder in denen sie eingesetzt werden. Dies impliziert, dass sich Kompetenzen nicht beliebig von einem Kontext auf einen anderen transferieren lassen. Wenn sich eine Person im Umgang mit Freunden als kommunikativ erweist, so ist damit noch nicht gesagt, dass sie diese Kommunikationsfähigkeit auch beruflich (z.B. als Verkäuferin) verwerten kann. Hierbei handelt es sich um verschiedene kontextuelle Bedingungen, die unterschiedliche Anforderungen stellen. Angesichts des kontextspezifischen Charakters der erworbenen Kompetenzen betont Bjørnåvold die Notwendigkeit eines situierten Ansatzes, da „der Wissenserwerb kontextgebunden erfolgt und auch als solcher bewertet werden muß" (Bjørnåvold 1997b, S. 70). Anderenfalls ließen sich die Kenntnisse des Einzelnen nicht hinreichend erfassen, denn „Kompetenzen, die für eine Position relevant sind, können in anderen Funktionen unwichtig sein" (Weiß 2000, S. 181).

Erschwerend wirkt ferner der Umstand, dass in den verschiedenen Situationen nie das gesamte Kompetenzspektrum einer Person sichtbar wird, sondern immer nur bestimmte, nämlich die für die jeweilige Situation relevanten Ausschnitte. Welche Kompetenzen gezeigt werden, hängt demgemäß auch immer von den situativen Bedingungen ab. Für direkte Kompetenzfeststellungsverfahren, die ihre Resultate aus den Ergebnissen einer Beobachtung von Handlungsabläufen beziehen, bedeutet dies, dass sich nur die für die aktuelle Situation relevanten Kompetenzen erfassen lassen (vgl. Gillen 2005, S. 97). Auch die umfassende Kompetenzbreite und -tiefe eines jeden Menschen, die nie *vollständig* identifiziert und analysiert werden kann, trägt dazu bei, dass Kompetenzanalysen sowohl in qualitativer als auch in quantitativer Hinsicht niemals das gesamte Kompetenzspektrum abzubilden vermögen (vgl. ebd., S. 99).

3.3.3 Messtechnische Qualität der Verfahrensweisen

Wie bei allen Test- und Prüfverfahren muss auch bei der Bewertung informell erworbener Kompetenzen der Erfüllung der Gütekriterien Gültigkeit (Validität), Zuverlässigkeit (Reliabilität) und Objektivität Rechnung getragen werden. Da sich der Kompetenzerwerb grundsätzlich situiert und kontextgebunden vollzieht, ist es jedoch schwierig, diese Verfahrensqualität bei der Bewertung informell erworbener Kompetenzen sicherzustellen (vgl. Bjørnåvold 1997b, S. 69).

Grundlegend für das Kriterium der „*Zuverlässigkeit*" ist die Vergleichbarkeit der Ergebnisse. So müssen bei einer Wiederholung der Prüfung mit unterschiedlichen Prüfern oder in unterschiedlichen Institutionen die gleichen Ergebnisse erzielt werden (vgl. Bjørnåvold 2001, S. 44). Um dem Anspruch der Zuverlässigkeit gerecht zu werden, sollte eine „*größtmögliche Transparenz des Bewertungsvorgangs (Standards, Verfahren usw.) angestrebt werden*" (ebd., S. 26 f.).

Das Prinzip der „*Objektivität*" fordert, dass ein Verfahren so gestaltet sein muss, dass subjektive Einflüsse oder Voreingenommenheiten keinen Einfluss auf die Bewertung nehmen.

Die „*Gültigkeit*" eines Prüfverfahrens besagt, dass die angewandten Verfahren auch tatsächlich diejenigen Aspekte messen, die sie zu messen vorgeben. Das Vertrauen, das Systemen zur Bewertung des außerhalb des formalen Bildungs- und Berufsbildungssystems stattfindenden Lernens entgegengebracht wird, hängt in entscheidendem Maße von den Kriterien Zuverlässigkeit und Gültigkeit ab (vgl. ebd., S. 44). Der Umstand, dass sich der informelle Kompetenzerwerb kontextgebunden vollzieht und dass er teilweise auch impliziter Art sein kann, erschwert jedoch die Sicherstellung des Kriteriums Gültigkeit (vgl. ebd., S. 202). Hanft und Müskens führen Merkmale an, die grundlegend wichtig sind, um die Gültigkeit von Prüfungen sicherzustellen. Dazu gehören die Ganzheitlichkeit von Aufgaben, die Handlungsorientierung, eine realitätsnahe Ausrichtung der Aufgaben, die vollständige Erfassung der geforderten Kompetenzen sowie die Vermeidung einer Ausrichtung auf Inhalte, die für die geprüften Anforderungssituationen irrelevant sind (vgl. Hanft/Müskens 2003, 12 f.).

Stehen die Faktoren Gültigkeit und Zuverlässigkeit allerdings isoliert, das heißt ohne eindeutig festgelegte Standards im Sinne von Bezugspunkten, Beurteilungskriterien oder Leistungsstandards im Raum, sind sie nur bedingt aussagekräftig. Als mögliche Bezugspunkte könnten beispielsweise Vergleichs- oder Durchschnittswerte einer Gruppe dienen (normbezogenes Prüfen), was vor allem im formalen Bildungs- und Berufsbildungssystem geläufig ist. Bezugspunkte können weiterhin festgelegt werden, indem erbrachte Leistungen in Bezug zu vorgegebenen Kriterien (kriterienbezogenes Prüfen) gesetzt werden (vgl. Bjørnåvold 2001, S. 45 f.). Angesichts der Vielschichtigkeit der einzubeziehenden Kompetenzen wurden normbezogene Verfahren zur Bewertung informeller Lernleistungen jedoch – im Unterschied zu kriterienbezogenen Prüfungen – nicht ernsthaft in Betracht gezogen: Je umfassender die Kompetenzbereiche sind, desto schwieriger gestaltet sich die Entwicklung authentischer Bewertungsansätze. Darüber hinaus müssen Fragen bezüglich der Zielsetzungen Berücksichtigung finden: Sollen Mindestleistungen gemessen werden oder sollen die Ergebnisse nach spezifizierten Leistungsniveaus eingestuft werden? Sollen die Verfahren einer formativen Funktion im Sinne einer Verbesserung von Lernprozessen dienen oder sollen sie eine summative Funktion erfüllen, aus der sich individuelle Rechtsansprüche ableiten lassen? Je nach Zwecksetzung der Bewertungsverfahren erfordert dies also die Festlegung unterschiedlicher Bezugspunkte (vgl. ebd., S. 203).

Angesichts der Vielschichtigkeit informeller Lernprozesse und -kontexte ist es fraglich, ob sich mit Bewertungsverfahren außerhalb des formalen Bereichs das gleiche Maß an Zuverlässigkeit erreichen lässt wie es im formalen Bildungs- und Berufsbildungssystem gegeben ist. Ungewiss ist zudem, ob sich die Methoden dazu eignen, die Gültigkeit der Bewertungen sicherzustellen, da die Erfüllung dieses Kriteriums durch den kontextspezifischen und möglicherweise auch impliziten Charakter informellen Lernens erheblich erschwert wird (vgl. ebd., S. 50).

Weiß kommt hinsichtlich der messtechnischen Qualität entsprechender Verfahrensweisen zu dem Schluss, dass ein „ernüchterndes Fazit gezogen" (Weiß 2000, S. 180) werden müsse: „Anstelle einer scheinbaren Genauigkeit muß ein erhebliches Maß an Unschärfe in Kauf genommen bzw. zugelassen werden" (Weiß 1999, S. 449). Um trotz dieser Abstriche dennoch ein höchstmögliches Maß an Gültigkeit und Zuverlässigkeit erzielen zu können, betont Bjørnåvold die Notwendigkeit einer methodischen Vielfalt, einer Kombination unterschiedlicher Methoden und Verfahrensweisen. Dies stelle die optimale Lösung zur Sicherstellung der Kriterien Gültigkeit und Zuverlässigkeit dar, wenngleich er einräumt, dass eine derartige Vorgehensweise aufgrund des damit verbundenen zeitlichen und finanziellen Aufwands nicht immer realisierbar sei (vgl. Bjørnåvold 1997b, S. 79 f.).

3.4 Anerkennung informeller Lernleistungen

Während sich die vorherigen Ausführungen auf die Problematik bezogen, die mit der Identifizierung und Bewertung informell erworbener Kompetenzen einhergeht, stehen nun Fragen bezüglich ihrer Anerkennung im Mittelpunkt dieses Kapitels. Es werden unterschiedliche Wege vorgestellt, die eine Anerkennung informeller Lernleistungen vorsehen. Zudem werden Voraussetzungen in Augenschein genommen, die erfüllt sein müssen, damit die aus den Anerkennungsverfahren hervorgehenden Kompetenznachweise akzeptiert werden.

3.4.1 Konzepte der Anerkennung

Da sich der informelle Kompetenzerwerb nicht auf der Grundlage curricularer Vorgaben vollzieht, sondern weil er aufgrund aktueller Anforderungssituationen ausgelöst wird, lassen sich die auf diesem Wege erworbenen Kompetenzen nicht ausschließlich anhand anerkannter Prüfungs- und Bewertungsverfahren des formalen Bildungswesens feststellen und bewerten. Damit informell erworbene Kompetenzen dennoch anerkannt werden können, ist die Schaffung „neuer" beziehungsweise alternativer Möglichkeiten erforderlich (vgl. BMBF 2004, S. 52). Bevor auf diesen Sachverhalt näher eingegangen wird, erfolgt zunächst eine Darstellung solcher Formen der Anerkennung „ohne allgemein verbindlichen Wert" (ebd., S. 52), aus denen sich keine rechtlichen Ansprüche ableiten lassen. Anschließend geht es um mögliche Lösungsansätze, anhand derer sich informell erworbene Kompetenzen formal anerkennen lassen könnten.

Es lassen sich drei Wege der Anerkennung informell erworbener Kompetenzen unterscheiden, die keine formale Anerkennung anstreben und die infolgedessen nur über eine eingeschränkte Geltungsbreite verfügen (vgl. ebd., S. 54).
Einer *„individuellen Anerkennung"* informell erworbener Kompetenzen liegt in einem ersten Schritt eine Identifizierung der eigenen Kompetenzen zugrunde. Die selbstreflexive Auseinandersetzung sowie die Einschätzung der eigenen Kompetenzen bilden die Grundlage für diesen Prozess, der einer persönlichen Standortbestimmung sowie der Klärung des eigenen Kompetenzspektrums dient. Auf dieser Basis können Neuorientierungen und Weiterentwicklungen leichter geplant werden. Zudem bildet die individuelle Bewusstmachung der eigenen Kompetenzen die wesentliche Voraussetzung für weiterführende Anerkennungen (z.B. auf gesellschaftlicher, institutioneller oder formaler Ebene). Die Auseinandersetzung mit den eigenen Kompetenzen kann durch die Erstellung

von Kompetenzportfolios oder Bildungspässen angeregt und unterstützt werden (vgl. ebd., S. 54).

Eine „*institutionelle Anerkennung*" des informell Gelernten erfolgt auf der Grundlage von Bescheinigungen oder Beurteilungen durch entsprechende Institutionen oder Organisationen. Diese dokumentieren das Vorhandensein der geforderten Kompetenzen und nehmen gegebenenfalls eine Bewertung derselben vor (vgl. ebd., S. 54).

Eine „*gesellschaftliche Anerkennung*" erfahren informell erworbene Kompetenzen durch die Anerkennung ihres Wertes von relevanten Akteuren aus Wirtschaft und Gesellschaft (vgl. Kommission der Europäischen Gemeinschaften 2001, S. 32).

Zu den Nachweisen, denen kein allgemein verbindlicher Wert zugrunde liegt, zählen beispielsweise Arbeitszeugnisse, Teilnahme- und Tätigkeitsbeschreibungen sowie Kompetenzbeschreibungen (vgl. BMBF, S. 54).

Neben den angeführten Möglichkeiten einer Anerkennung, aus denen sich keine rechtlichen Ansprüche ableiten lassen, werden nachfolgend drei denkbare Modelle vorgestellt, anhand derer eine formale Anerkennung informell erworbener Kompetenzen realisiert werden könnte.[15]

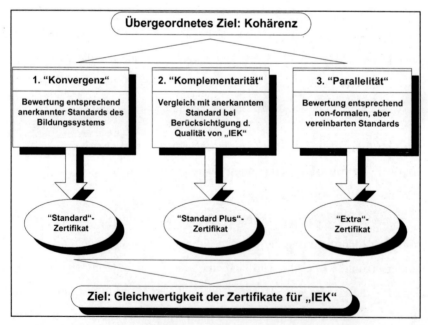

Darst. 4: Modelle der Anerkennung „informell erworbener Kompetenzen" (IEK)
(Quelle: mit geringfügigen grafischen Änderungen übernommen aus Laur-Ernst 2001c, S. 123)

---

[15] Die folgenden Ausführungen beziehen sich auf Laur-Ernst (2001c, S. 123-126).

3. Identifizierung, Bewertung und Anerkennung informell erworbener Kompetenzen

Das *„Konvergenz-Modell"* sieht eine gleichwertige Anerkennung formal und informell erworbener Kompetenzen vor. Dazu werden die auf informellem Wege erworbenen Kompetenzen an den Kompetenzstandards des formalen Qualifikationssystems gemessen. Nachzuweisen sind formal festgelegte Anforderungen für definierte Tätigkeiten, Berufe oder allgemein bildende Abschlüsse. Diese Nachweise können beispielsweise in Prüfungen oder in Assessment-Center-Verfahren erbracht werden. Bei einer erfolgreichen Bewältigung der Anforderungen mündet dieser Vorgang im Erwerb eines entsprechenden Zertifikates und zwar unabhängig davon, auf welchem Wege die berufsrelevanten Kompetenzen erworben wurden. Da die Messung informell erworbener Kompetenzen auf der Grundlage formaler Standards erfolgt, ist die Gültigkeit derartiger Zertifikate im formalen Bildungssystem sowie auf dem Arbeitsmarkt als hoch einzuschätzen.

Die Ausrichtung auf staatliche Qualifikationsstandards kann sich jedoch auch nachteilig auswirken, wenn nämlich ausnahmslos solche Kompetenzen erfasst werden, die in den Grundlagen des formalen Berufsbildungssystems verankert sind. Eine solche Eingrenzung missachtet, dass weitaus umfassendere Tätigkeiten existieren, die für die Arbeitswelt relevant sind und die berufsrelevante Kompetenzen generieren. Auch innovative Kompetenzen sowie der spezifische Charakter informellen Lernens lassen sich nicht angemessen an spezifizierten Standards des Berufsbildungssystems messen, denn „der subjektive Charakter dieser Kompetenzen kann sich gar nicht oder nur unzulänglich im formalen Standard niederschlagen" (Laur-Ernst 2001c, S. 124).

Durch die formale Anerkennung informell erworbener Kompetenzen hat das Konvergenz-Modell trotz dieser Einschränkungen das Potenzial, die Chancen solcher Personenkreise auf dem Arbeitsmarkt zu verbessern, die keinen erfolgreichen Weg innerhalb des formalen (Berufs-)Bildungssystems durchlaufen haben. Neben einem solchen individuellen Nutzen können auch Betriebe von einer derartigen Zertifizierung informell erworbener Kompetenzen profitieren. Indem sie umfassende und zuverlässige Informationen über das Qualifikationsprofil von Mitarbeitern und Bewerbern erhalten, lassen sich Arbeitsplätze besser und gezielter besetzen und es kann eine effizientere Personalentwicklung betrieben werden. Die grundlegenden Prinzipien des Konvergenz-Modells sind bereits in verschiedenen Verfahren, wie zum Beispiel im britischen NVQ-System oder im finnischen CBQ-System, verankert (vgl. ebd., S. 124).

Informell erworbene Kompetenzen lassen sich alternativ im Rahmen des *„Komplementaritäts-Modells"* formal anerkennen. Auch dieser Ansatz ist auf formale Qualifikationsstandards ausgerichtet, sieht darüber hinaus jedoch eine explizite Auszeichnung und Hervorhebung der auf informellem Wege erworbenen Kompetenzen vor. Dies kann beispielsweise auf der Grundlage von weiterführenden Informationen zum Kontext des Kompetenzerwerbs geschehen. Dementsprechend finden auch solche Angaben zum Kompetenzspektrum der Betroffenen Beachtung, die über die spezifizierten Qualifikationsstandards hinausgehen.

Ein Beispiel soll diesen Sachverhalt exemplarisch verdeutlichen: Ein Maurer, der über viele Jahre hinweg und sehr erfolgreich in seinem Beruf tätig ist, hat sich ein umfangreiches Expertenwissen angeeignet. Er verfügt zwar nicht über einen formalen Berufsabschluss, kann aber eine langjährige Berufserfahrung nachweisen. Demgegenüber steht ein Maurer-Geselle, der gerade seine Ausbildung mit einer formalen Prüfung beendet hat. Das Wissen des „erfahrenen" Maurers wird trotz des fehlenden Abschlusses weitaus umfangreicher sein als das des Gesellen. „Wird der 'Experte' an den formalen Standards des Ausbildungssystems gemessen, dann wird er mit dem Zertifikat auf das Qualifikationsniveau eines 'Novizen' gestellt, obwohl er bereits deutlich darüber hinaus kompetent ist" (ebd., S. 125). Der Vorteil des Komplementaritäts-Modells liegt also darin begründet, dass auch solche Kompetenzen berücksichtigt werden, die sich Betroffene beispielsweise über langjährige Berufserfahrung angeeignet haben.

Im Unterschied zu den vorher genannten Modellen grenzt sich das *„Parallelitäts-Modell"* von formalen Standards des Berufsbildungssystems ab, was den Vorteil birgt, „nicht den qualitativen Restriktionen formalisierter staatlicher Standards, ihrer zwangsläufig begrenzten Aktualität und partieller Praxisferne zu unterliegen" (ebd., S. 125). Stattdessen geht es von der eigenständigen Qualität informeller Lernprozesse, des Validierungsprozesses sowie einer möglichen Zertifizierung beziehungsweise Dokumentation informell erworbener Kompetenzen aus.

Damit die auf diesem Wege erworbenen Zertifikate auf dem Arbeitsmarkt sowie in den Systemen der allgemeinen und beruflichen Bildung akzeptiert werden, muss das Verfahren „hinlänglich dauerhaft und zugleich adaptiv, zuverlässig und transparent, praktikabel und vor allem sozial anerkannt und glaubwürdig sein" (ebd., S. 125). Anderenfalls ließe sich nur eine rein formative Funktion, also eine Anerkennung auf individueller Ebene im Sinne einer persönlichen Standortbestimmung oder einer Stärkung des Selbstvertrauens und der Motivation, erreichen.

Als schwierig erweist sich, dass von Zertifikaten, die außerhalb des formalen Bildungssystems erworben wurden, oft nur diejenigen eine hohe Anerkennung genießen, die von solchen Institutionen und Organisationen ausgestellt wurden, die seit vielen Jahren etabliert und anerkannt sind. „Alle anderen dagegen (…) sind benachteiligt, auch wenn objektiv dasselbe oder gar ein besseres Bildungsangebot stattgefunden hat und der Lernerfolg nachweislich höher war" (ebd., S. 125). Eine solche Ungleichheit gilt es zu überwinden.

Erschwerend gestaltet sich die Anerkennung von Kompetenzen auch dann, wenn ohne jegliche institutionelle Begleitung auf völlig selbstständige Weise gelernt wurde und keinerlei Vorgaben bezüglich der Lerninhalte und -ziele existieren. Da sich das Parallelitäts-Modell nicht auf formale Qualifikationsstandards bezieht, muss „zumindest in der jeweiligen 'community of practice', also den wesentlichen Akteuren z.B. in einer Branche, einer Region oder einem Berufsfeld" (ebd., S. 125) eine Verständigung über neue Referenzstandards erfolgen.

Keines der hier vorgestellten Modelle – Konvergenz, Komplementarität und Parallelität – scheint ohne Einschränkung für die Anerkennung informell erworbener Kompetenzen geeignet zu sein. Sie alle weisen Stärken und Schwächen auf, können jedoch für die Weiterentwicklung entsprechender Verfahren positive Impulse liefern.

Die Implementierung eines Instrumentes zur Anerkennung informell erworbener Kompetenzen erfordert die Berücksichtigung verschiedener Grundsätze: Zum einen geht es nicht darum, formal und informell erworbene Kompetenzen als gleich, sondern vielmehr als gleich*wertig* zu betrachten. Weiterhin sollten Anerkennungsverfahren so geartet sein, dass sie nicht der Inflexibilität, der beschränkten Aktualität sowie der partiellen Praxisferne formaler Qualifikationsstandards unterliegen. Daraus folgt, dass die Referenzstandards so ausgelegt sein müssen, dass die jeweils besondere Qualität informellen Lernens im Laufe des Messvorgangs nicht verloren geht. Schließlich müssen Zertifikate informellen Lernens transparent, vergleichbar und überschaubar sein. Anderenfalls wäre ihre Verwertbarkeit auf dem Arbeitsmarkt oder im formalen (Berufs-)Bildungssystem nicht hinreichend gesichert (vgl. ebd., S. 126).

Es ist jedoch nicht ohne Weiteres möglich, das formale Bildungssystem um solche Referenzstandards zu erweitern, die darüber hinaus den Anforderungen einer Anerkennung informell erworbener Kompetenzen gerecht werden. Laur-Ernst sieht Grenzen vor allem dort, „wo Qualität, Kohärenz, Durchlässigkeit und Vertrauenswürdigkeit des gesamten Lern- und Bildungssystems berührt oder sogar gefährdet werden" (ebd., S. 126). Aufgrund dessen ist es umso erforderlicher, einen Interessensausgleich zwischen allen relevanten Akteuren des Bildungssystems zu schaffen. Nur durch ihre Einbeziehung bezüglich der Festlegung entsprechender Referenzstandards, der „Verabschiedung eines praktikablen Validierungsverfahrens und der Gestaltung des Zertifikats/Dokuments" (ebd., S. 126), ließe sich ein Instrument mit hoher Geltungsbreite zur Anerkennung informell erworbener Kompetenzen implementieren.

3.4.2 Akzeptanz von Kompetenznachweisen

Ob die aus Anerkennungsverfahren resultierenden Kompetenznachweise (Zeugnisse, Zertifikate, Bescheinigungen, Tätigkeitsbeschreibungen, Arbeitszeugnisse etc.) akzeptiert werden, hängt von einer Reihe unterschiedlicher Faktoren ab. Unbestritten ist, dass die Akzeptanz derartiger Nachweise ausschlaggebend für deren Erfolg ist. Denn nur wenn sie ein hohes Ansehen genießen und als legitim erachtet werden, haben sie auch einen Wert. Anderenfalls bestünde kein Anreiz, an Kompetenzfeststellungsverfahren teilzunehmen oder deren Ergebnisse (z.B. im Rahmen von Personalentscheidungen) zu berücksichtigen.

Sollen derartige Nachweise auf einer breiten Basis akzeptiert werden, so müssen nach Weiß verschiedene Gestaltungsfaktoren gelten:

Zunächst ist eine Unterscheidung bezüglich der *Art des Kompetenznachweises* erforderlich. Differenziert werden kann beispielsweise zwischen Zeugnissen, die den erfolgreichen Abschluss eines Bildungsgangs dokumentieren, Zertifikaten, die in Weiterbildungseinrichtungen erworben wurden oder Arbeitszeugnissen, die auf betrieblicher Ebene erstellt wurden.[16]

Entscheidend für deren Akzeptanz ist sodann ihr *Informationsgehalt*. Im Unterschied zu einfachen Teilnahmebescheinigungen oder undifferenzierten, summarischen Auflistungen von Lernleistungen dürfte solchen Nachweisen eine höhere Akzeptanz entgegengebracht werden, die Kompetenzen einerseits präzisiert und detailliert beschreiben und diese andererseits unterschiedlichen Leistungsniveaus zuordnen.

Ob Kompetenznachweisen die für ihren Erfolg grundlegende Akzeptanz entgegengebracht wird, hängt weiterhin von der *Qualität der Validierungsverfahren* ab. Nachweise, die im Rahmen von Verfahren erstellt wurden, die mit einer breiten Methodenvielfalt arbei-

---

[16] Weiß bemerkt kritisch, dass Zeugnisse und Zertifikate angesichts ihrer Vielschichtigkeit von den Arbeitgebern hinsichtlich ihrer Bedeutung nur noch schwer einzuschätzen seien, weshalb sie weitere Kriterien in ihre Personalentscheidungen einbeziehen, die sich nicht allein auf formale Nachweise stützen. Aufgrund dessen zieht Weiß den Schluss, dass der Wert von Zertifikaten oder Kompetenznachweisen allgemein höher eingeschätzt wird als er tatsächlich ist. Von Relevanz seien für die Arbeitgeber vielmehr die Berufserfahrung sowie die erfolgreiche Bewältigung diverser Projekte, die Bewerber – auf welche Art auch immer – belegen (vgl. Weiß 1999, S. 466).

ten und die zudem mehrere Beobachter in den Prozess einbeziehen, dürften eher akzeptiert werden als solche, die diese Kriterien nicht erfüllen.

Auch die *Einheitlichkeit eines Verfahrens* nimmt Einfluss auf die Akzeptanz. Standardisierten Verfahren, die beispielsweise auf bundes- oder europaweiten Maßstäben beruhen, liegt eine bessere Vergleichbarkeit zugrunde. Demgegenüber bleibt der Nutzen nichtstandardisierter Verfahren möglicherweise auf bestimmte Kontexte (z.B. innerhalb eines Betriebes) begrenzt (vgl. Weiß 1999, S. 465 f.). Eine Homogenität unterschiedlicher Verfahrensweisen dürfte sich positiv auf die ihnen entgegengebrachte Vertrauenswürdigkeit (vgl. Bjørnåvold 1997c, S. 86) und somit auf die Akzeptanz entsprechender Nachweise auswirken.

Inwieweit Kompetenznachweise akzeptiert werden, wird schließlich auch vom *Renommee der zertifizierenden Stelle* beeinflusst. Je bekannter eine Institution ist und je näher sie an den Anforderungen der Wirtschaft ausgerichtet ist, desto höher lässt sich auch der Grad der Akzeptanz der von ihr ausgestellten Nachweise einschätzen.

Schließlich spielt auch die *Aktualität* eine nicht zu unterschätzende Rolle. Veraltete Kompetenznachweise, die vor längerer Zeit erstellt wurden, verfügen nur über eine geringe Aussagekraft über das aktuelle Kompetenzspektrum ihrer Inhaber. Dieser Umstand dürfte sich als akzeptanzmindernd auswirken (vgl. Weiß 1999, S. 465 f.). Zudem spiegeln ältere Nachweise unter Umständen nicht mehr den aktuellen Stand der sich geänderten technologischen, ökonomischen und gesellschaftlichen Anforderungen wider.

Die Berücksichtigung der genannten Gestaltungsfaktoren ist für den Erfolg von Kompetenznachweisen unerlässlich und zwar unabhängig davon, ob sie auf einer formativen oder auf einer summativen Basis arbeiten. Allerdings kommt der Akzeptanz von Kompetenznachweisen, die eine summative Funktion erfüllen (z.B. Zeugnisse) ein höherer Stellenwert zu, da sich aus diesen individuelle Rechtsansprüche ableiten lassen, die zum Beispiel Zugangsmöglichkeiten zu weiterführenden Bildungsgängen eröffnen.

4. Anerkennung informell erworbener Kompetenzen in Deutschland

Die folgenden Ausführungen behandeln die Frage, inwieweit in Deutschland gegenwärtig eine Berücksichtigung oder Anrechnung von informell erworbenen Kompetenzen erfolgt. Zahlreiche europäische und auch außereuropäische Länder verfügen bereits über Anrechnungssysteme (z.B. Finnland, Frankreich, Großbritannien) oder sie befinden sich in der Entwicklung entsprechender Verfahren. Im Gegensatz dazu haben Fragen um die Identifizierung, Bewertung und Anerkennung von informell erworbenen Kompetenzen in Deutschland bisher lediglich eine untergeordnete Rolle gespielt (vgl. Bjørnåvold 2001, S. 63; Bretschneider/Gnahs 2005, S. 26; Bretschneider/Preißer 2003a, S. 31; Frank 2003, S. 171; Sauer 2003, S. 21). Für Laur-Ernst ist die gegenwärtige Anerkennungspraxis vor allem dadurch gekennzeichnet, dass ein „schlechtes institutionelles Lernangebot (..) dem Einzelnen in Deutschland mehr 'Punkte' (über Zertifikate, Anrechenbarkeit, Anerkennung) [bringt, Anm. d. Verf.] als ein selbst initiiertes, informelles Lernen mit einem guten Ergebnis, weil dieses nicht in der offiziell geltenden 'Währung' ausdrückbar ist" (Laur-Ernst 2001a, S. 41 f.). Eine Zertifizierung von Lernergebnissen erfolgt bisher nahezu ausschließlich in den formalen Systemen der allgemeinen und beruflichen Bildung. Fragt man nach den Gründen, so lassen sich zahlreiche Faktoren anführen, die sich nahezu ausschließlich auf die Dominanz und den Erfolg sowie auf die starke Formalisierung des formalen Bildungswesens zurückführen lassen.

4.1 Dominanz des formalen Bildungs- und Berufsbildungssystems

Auch für Bjørnåvold liegt das geringe Interesse an Fragen, die sich mit der Anerkennung informell erworbener Kompetenzen beschäftigen, vor allem in dem Erfolg des hiesigen Bildungs- und Berufsbildungssystems begründet. Er führt verschiedene Faktoren an, die diesen Sachverhalt näher ausführen und den geringen Stellenwert der Anerkennung informell erworbener Kompetenzen begründen.

Zum einen haben die Systeme der allgemeinen und beruflichen Bildung eine so breite Basis, dass nahezu keine Altersgruppe vom Zugang ausgeschlossen wird. Folglich steht es grundsätzlich jedem Menschen offen, einen Abschluss der schulischen oder beruflichen Erstausbildung zu erwerben, was den Bedarf nach einer Einbeziehung von informellen Lernleistungen mindert. Weiterhin gibt es im Bereich der beruflichen Bildung traditionsgemäß und aktuell keine bedeutenden Alternativen zum dualen System. Das

4. Anerkennung informell erworbener Kompetenzen in Deutschland

duale Ausbildungssystem bezieht seine hohe Anerkennung aus der Tatsache, dass die Ausbildung sowohl innerhalb der Ausbildungsbetriebe als auch in den Berufsschulen erfolgt, also Theorie und Praxis miteinander verbindet. Insofern enthält die berufliche Erstausbildung bereits Erfahrungslernen, was einen weiteren Grund für das geringe Interesse an einer Bewertung informell erworbener Kompetenzen darstellt.[17] Schließlich könnte die Implementierung von Verfahren zur Anerkennung informell erworbener Kompetenzen mit den rechtlichen Rahmenbedingungen der formalen Bildungs- und Berufsbildungssysteme kollidieren, da die Voraussetzungen für den Erwerb einer Qualifikation in den verschiedenen Berufsprofilen klar definiert sind. Diese betreffen neben den Lerninhalten weiterhin auch Vorgaben zu den Lernorten und Lernwegen. Dieser vorgabeorientierte Charakter des formalen Berufsbildungssystems gestaltet es schwierig, andere Lernwege einzubeziehen. Ein weiterer Grund, der die geringe Nachfrage für eine Anerkennung informell erworbener Kompetenzen erklärt, ist schließlich darin zu sehen, dass mit den formalen Berufsabschlüssen auch gleichzeitig eine allgemein bekannte Einstufung in bestimmte Lohn- und Gehaltsgefüge sowie eine Einordnung in soziale und gesellschaftliche Gruppierungen stattfindet (vgl. Bjørnåvold 2001, S. 63 f.).

Auch Bretschneider und Preißer sehen – ebenso wie Bjørnåvold – den geringen Stellenwert des informellen Lernens in Deutschland im Erfolg des dualen Berufsbildungssystems begründet:

> „Seine Orientierung an professionellen Standards, die Ganzheitlichkeit und Unteilbarkeit der ihm zugrunde liegenden Qualifikationsprofile, seine betriebsübergreifende Dimension sowie seine universelle curriculare Normierung zusammen mit der Einheitlichkeit und Verlässlichkeit der öffentlich-rechtlichen Prüfungsgestaltung hat den Handlungsdruck für die Berücksichtigung von informellen Lernprozessen und -leistungen vergleichsweise niedrig gehalten. Es gewährleistete lange Zeit, dass die gesellschaftlich erforderlichen Qualifikationen quantitativ und qualitativ in befriedigender Weise bereitgestellt wurden" (Bretschneider/Preißer 2003a, S. 32 f.).

Aus diesen Gründen besteht in Deutschland für eine Dokumentation und Anerkennung von informell erworbenen Kompetenzen nur ein geringes Interesse. Gleichzeitig lässt der hohe Grad der Formalisierung des dualen Systems nur geringe Spielräume für eine Einbeziehung alternativer und damit auch informeller Lernprozesse.

In jüngster Vergangenheit scheint sich in Deutschland jedoch ein Wandel zu vollziehen, der dem informellen Lernen eine größere Bedeutung zukommen lässt. In den vergangenen Jahren wurden sowohl auf regionaler als auch auf betrieblicher Ebene verschiedene Verfahren entwickelt und angewendet, die eine Berücksichtigung von informellen Lernleistungen vorsehen. Bevor diese genauer dargestellt werden, erfolgt zunächst eine Er-

---

[17] Wie bereits an anderer Stelle (vgl. Kap. 2.3.3) dargelegt wurde, kann das berufsrelevante informelle Erfahrungslernen jedoch nicht ohne Weiteres mit dem arbeitsintegrierten Erfahrungslernen gleichgesetzt werden.

läuterung der Umstände, die die verstärkte Hinwendung zum informellen Lernen in Deutschland eingeleitet haben.

4.2 Gründe für die Hinwendung zum informellen Lernen

Ein Grund für die Hinwendung zum informellen Lernen ist darin zu sehen, dass das duale Ausbildungssystem hauptsächlich auf die Erstausbildung bezogen ist und somit den Bedürfnissen einer beruflichen Weiterbildung oder Umschulung nicht gerecht wird. Insbesondere wird die Notwendigkeit eines lebenslangen Lernens durch dieses System nicht berücksichtigt. Eine formale Anerkennung von informell erworbenen Kompetenzen könnte diesen Schwachpunkt ausgleichen. Wichtige Voraussetzungen für eine solche Anerkennung sind, dass diese Art des Lernens mit dem beruflichen Erstausbildungssystem verbunden wird und dass gültige und zuverlässige Bewertungen dieser alternativen Lernleistungen gegeben sind (vgl. Bjørnåvold 2001, S. 64 ff.). Ebenso haben die auf diesem Gebiet schon weiter fortgeschrittenen europäischen Nachbarländer einen Handlungsdruck bezüglich der Anerkennung informeller Lernleistungen in Deutschland erzeugt. Diese Umstände haben dazu beigetragen, dass in den vergangenen Jahren verschiedene Initiativen entwickelt wurden, die eine Bewertung von außerschulischen Lernleistungen vorsehen. Viele dieser Entwicklungen lassen sich unter dem Oberbegriff der „Bildungspässe" zusammenfassen, die auf bestimmte Zielgruppen zugeschnitten sind. Aus diesen Nachweisdokumenten lassen sich jedoch keine individuellen Rechtsansprüche oder Zugangsberechtigungen ableiten, da sie auf einer rein formativen Basis arbeiten. Mit der „Externenprüfung" oder dem „Hochschulzugang für Berufserfahrene" liegen weitere Verfahren vor, die eine Berücksichtigung informell erworbener Kompetenzen vorsehen. Diese Ansätze sowie die verschiedenen Aktivitäten auf betrieblicher Ebene werden im Folgenden ausführlicher erläutert.

4.3 Weiterbildungspässe als Instrumente zur Sichtbarmachung informellen Lernens

Gegenwärtig existiert eine ausgesprochene Vielfalt an Weiterbildungspässen, die eine breit gefächerte Zielgruppe ansprechen und auf unterschiedliche Funktionsbereiche zugeschnitten sind. Unter dem Begriff der „Weiterbildungspässe" lassen sich

> „verschiedenste Initiativen und Aktivitäten bezeichnen, die, auf unterschiedliche Weise alle zum Ziel haben, im weitesten Sinne erbrachte Leistungen – Tätigkeiten, Lernleistungen und Kompetenzen – einzelner Menschen sichtbar zu machen und diesen damit zur gesellschaftlichen Anerkennung zu verhelfen" (Bretschneider/Preißer 2003a, S. 33).

4. Anerkennung informell erworbener Kompetenzen in Deutschland

Die Ausrichtung auf eine *gesellschaftliche* Akzeptanz impliziert somit, dass es sich bei den Bildungspässen nicht um Zertifikate handelt, sondern um Dokumente, die unterhalb der ordnungspolitischen Ebene angesiedelt sind. Sie eröffnen ihren Inhabern keine (Zugangs-)Berechtigungen, sondern sie lassen sich vielmehr als eine Ergänzung zu den herkömmlichen Zertifikaten des formalen Bildungssystems betrachten (vgl. Bretschneider/Gnahs 2005, S. 36).

Im Rahmen des BLK-Modellversuchsprogramms „Lebenslanges Lernen" wurde im April 2002 das BLK-Verbundprojekt „Weiterbildungspass mit Zertifizierung informellen Lernens" entwickelt. Das mit der Machbarkeitsstudie beauftragte Konsortium setzte sich aus verschiedenen Institutionen zusammen. In einer EU-weiten Ausschreibung wurden das Deutsche Institut für Erwachsenenbildung (DIE), das Deutsche Institut für Internationale Pädagogische Forschung (DIPF) sowie das Deutsche Institut für Entwicklungsplanung und Strukturforschung (IES) mit der Durchführung der Studie beauftragt. Das Projekt endete im Oktober 2003 (vgl. BMBF 2004, S. 11). Im Folgenden werden ausgewählte Befunde dieses Forschungsprojektes vorgestellt.[18]

4.3.1 Gegenstand der Machbarkeitsstudie

Das vorrangige Ziel der Machbarkeitsstudie bestand darin, „eine wissenschaftlich begründete Bewertung der Möglichkeiten zur Einführung eines Weiterbildungspasses unter besonderer Berücksichtigung der Sichtbarmachung und Anerkennung informell erworbener Kompetenzen" (ebd., S. 11) vorzunehmen. In diesem Rahmen erfolgte eine Art Bestandsaufnahme von Weiterbildungspässen, die bereits auf nationaler und europäischer Ebene implementiert wurden. Weiterhin wurden betriebliche und außerbetriebliche Aktivitäten in die Untersuchung einbezogen und Experteninterviews mit Sozialpartnern sowie Vertretern aus Großbetrieben und Wissenschaft durchgeführt. Anhand der aus dieser Analyse gewonnenen Erkenntnisse wurde überprüft, inwieweit die Entwicklung und Etablierung eines breit einsetzbaren Weiterbildungspasses in Deutschland realisierbar ist und welche Bedingungen dabei zu berücksichtigen sind (vgl. Barth/Neß 2003, S. 164).

---

[18] Angesichts des Umfangs der Machbarkeitsstudie kann an dieser Stelle lediglich ein grober Überblick über die zentralen Forschungsergebnisse erfolgen. Detaillierte Ausführungen lassen sich der Endfassung der Machbarkeitsstudie des BMBF entnehmen (vgl. BMBF 2004).

4.3.2 Analyse existierender Weiterbildungspässe

Die Einführung des ersten Bildungs- beziehungsweise Qualifizierungspasses in Deutschland geht bereits auf das Jahr 1974 zurück. Dieser Bildungspass hat sich jedoch nie durchgesetzt, sodass er nach einiger Zeit wieder eingestellt wurde (vgl. Bjørnåvold 2001, S. 67).

In der Zwischenzeit wurde eine Vielzahl weiterer Projekte und Programme entwickelt, anhand derer informell erworbene Kompetenzen erfasst und dokumentiert werden sollen. Die Entwicklung neuer Passaktivitäten ist bis zum gegenwärtigen Zeitpunkt stark angestiegen, ein deutlicher Zuwachs lässt sich vor allem auf den Zeitraum zwischen 1995 und 1999 (und davon insbesondere auf das Jahr 1997) zurückführen (vgl. Bretschneider/Gnahs 2005, S. 27).

Eine Analyse der zurzeit existierenden Weiterbildungspässe ergab, dass sämtliche Passaktivitäten durch eine ausgesprochene Diversität gekennzeichnet sind. Die recherchierten Pässe unterscheiden sich beispielsweise „im Hinblick auf ihre Entstehungsanlässe, ihren inhaltlichen Aufbau, ihre äußere Ausgestaltung und ihr Ausgabeformat, ihren Verwendungszweck, die mit ihnen erreichten regionalen Einzugsgebiete oder die mit ihnen angesprochenen Zielgruppen" (Bretschneider/Preißer 2003a, S. 33). In diesem Zusammenhang lassen sich, basierend auf den Ausführungen des BMBF, vor allem die folgenden Aspekte nennen:

Vielfalt der Bezeichnungen: Die Recherchen ergaben Hinweise auf mehr als 90 verschiedene Passbezeichnungen (vgl. BMBF 2004, S. 61).

Ursprung der Bildungspässe: Die entwickelten Weiterbildungspässe lassen sich auf verschiedene Initiativen zurückführen. Dazu zählen vor allem betriebliche, verbandliche, kommunale, staatliche und europäische Initiativen (vgl. ebd., S. 64).

Ausrichtung auf gesellschaftliche Funktionsbereiche: Weiterbildungspässe kommen insbesondere in den Bereichen Schule, Ausbildung, Beruf (sowohl betrieblich als auch überbetrieblich), Ehrenamt und Privatleben zum Einsatz. Einen Schwerpunkt bilden dabei die Bereiche „Ausbildung" und „Beruf", in denen mehr als 50 Prozent aller Weiterbildungspässe entwickelt wurden (vgl. ebd., S. 62 ff.).

Heterogenität der Zielsetzungen: Mit der Entwicklung und Anwendung derartiger Nachweisdokumente werden sehr unterschiedliche Ziele verfolgt, die sich auf die Interessen ihrer Initiatoren zurückführen lassen. Es lässt sich jedoch hervorheben, dass der weitaus größere Teil der Passaktivitäten auf den „Einstieg, Wiedereinstieg oder Verbleib auf dem ersten Arbeitsmarkt" (Bretschneider/Gnahs 2005, S. 29) ausgerichtet ist.

Entwicklungsdynamik: Da einerseits immer neue Bildungspässe entwickelt werden und andererseits eine stetige Modifizierung der bereits vorhandenen Weiterbildungspässe erfolgt, ist eine Evaluierung der derzeitigen Pässe nahezu unmöglich (vgl. BMBF 2004, S. 61).

Die folgende Darstellung veranschaulicht die Diversität der recherchierten Weiterbildungspässe.

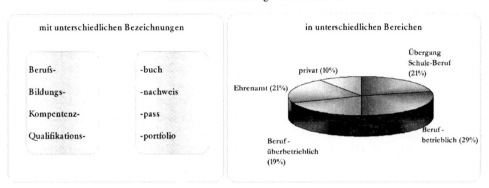

Darst. 5: *Entstehungshintergrund von Weiterbildungspässen in Deutschland*
(Quelle: mit geringfügigen Änderungen übernommen aus Bretschneider/Gnahs 2005, S. 25)

4.3.3 Inhaltliche Ausrichtung

Weiterbildungspässe, die sich dem *ehrenamtlichen Bereich* zuordnen lassen, enthalten in der Regel Informationen über die dort verrichteten Tätigkeiten unter Angabe ihres zeitlichen Umfangs sowie eine öffentliche Bestätigung dieser Angaben in Form eines Stempels der jeweiligen Trägerorganisation. Ergänzend können zudem Selbsteinschätzungen herangezogen werden. Durch derartige Dokumentationen erfahren ehrenamtlich geleistete Tätigkeiten zum einen eine gesellschaftliche Aufwertung. Zum anderen ist damit ein individueller Nutzen verbunden. Dieser betrifft die Bewusstwerdung der eigenen Stärken und Schwächen im Sinne einer persönlichen Standortbestimmung sowie die Verwertbarkeit auf dem Arbeitsmarkt, sodass die entsprechenden Nachweise bei einem beruflichen (Wieder-)Einstieg oder bei einer beruflichen Weiterqualifizierung dienlich sein können (vgl. Preißer 2005, S. 2 f.).

Auch Weiterbildungspässe, die im *schulischen Kontext* angesiedelt sind, umfassen Tätigkeitsbeschreibungen, die in diesem Fall Angaben zu den Aktivitäten der Passinhaber im schulischen und außerschulischen Bereich machen. Dazu können Tätigkeiten zählen, die beispielsweise im Rahmen eines Praktikums oder Nebenjobs sowie in Vereinen oder ehrenamtlichen Bereichen verrichtet wurden (vgl. ebd., S. 3).

Zu den Bildungspässen werden weiterhin einfache Teilnahmebescheinigungen von Fortbildungsveranstaltungen gezählt, die vor allem im *beruflichen*, teilweise auch im *ehrenamtlichen Bereich* erstellt werden. Der Inhalt dieser Dokumente beschränkt sich allerdings auf Angaben zu Art, Dauer und Ort der Veranstaltung. In der Regel wird die Bescheinigung durch eine Unterschrift des Seminarleiters oder der ausstellenden Institution beglaubigt (vgl. ebd., S. 3 f.).

4.3.4 Resümee

Bei den meisten Weiterbildungspässen handelt es sich lediglich um Beschreibungen von ausgeübten Tätigkeiten oder um Bescheinigungen über die Teilnahme an Weiterbildungsveranstaltungen. Dies besagt jedoch noch nicht, dass bei den Betroffenen auch notwendigerweise ein Kompetenzerwerb stattgefunden hat. Denn „das Sich-Bewegen in einem Erfahrungsfeld belegt (..) noch keinen vollzogenen Lernprozess" (Bretschneider/Gnahs 2005, S. 30). Hieraus folgt, dass informelles Lernen, insbesondere in den Bereichen Schule und Ehrenamt, lediglich indirekt in Form von Tätigkeitsbeschreibungen erfasst wird. Es ließen sich nur zwei Bildungspässe („Kompetenzbilanz" DJI/KAB[19] und „Europäischer Computerführerschein") finden, die tatsächlich eine Erfassung von informell erworbenen Kompetenzen vornehmen. Hingegen wird in den Teilnahmebescheinigungen der Bereiche Ausbildung und Beruf vorwiegend non-formales und seltener auch formales Lernen erfasst. Insofern nimmt informelles Lernen in den untersuchten Bildungspässen einen äußerst geringen Stellenwert ein (vgl. Bretschneider/Preißer 2003a, S. 36). Auf der Basis dieser und weiterer Untersuchungsergebnisse wurde im Rahmen der Machbarkeitsstudie ein Referenzmodell für Weiterbildungspässe in Deutschland entwickelt, der so genannte „ProfilPASS".

4.3.5 Der ProfilPASS

Der ProfilPASS ist ein Weiterbildungspass „zur Identifizierung, Erfassung und Anerkennung von informellem Lernen" (Bretschneider/Hummelsheim 2006, S. 29). Er ist „das Ergebnis eines mehrstufigen Verbundprojektes der Bund-Länder-Kommission für Bildungsplanung und Forschungsförderung" (ebd., S. 29). Der Implementierung des

---

[19] Vgl. dazu Kap. 4.6.

4. Anerkennung informell erworbener Kompetenzen in Deutschland

ProfilPASSes ist eine vergleichende Untersuchung entsprechender Projekte in den europäischen Nachbarländern und der bereits in Deutschland vorhandenen Passaktivitäten vorausgegangen.

Mit dem ProfilPASS wird das Ziel verfolgt, Teilnehmern aufzuzeigen, wo ihre Fähigkeiten liegen und welche Möglichkeiten sich ihnen bei der Gestaltung ihres zukünftigen privaten und beruflichen Lebensweges bieten. Damit verbunden kann eine beratende Hilfestellung sein, die dem Betroffenen aber nicht die notwendigen Entscheidungen abnimmt (vgl. DIE/DIPF/IES 2006, S. 56 f.). Der ProfilPASS soll die individuellen Kompetenzen des Teilnehmers ermitteln, wobei „formale, non-formale und informelle Lernwege gleichermaßen" (ebd., S. 15) einbezogen werden.

Die Ermittlung dieser Kompetenzen erfolgt in einem *„explorativen selbstreflexiven Prozess"* (ebd., S. 15), der in fünf Abschnitte gegliedert ist:

Der *erste Schritt* bei der Bearbeitung des ProfilPASSes besteht darin, dass der Passnutzer in einer biografischen Übersicht wichtige Stationen und Ereignisse seines privaten und beruflichen Lebensweges zusammenstellt, in denen sich sein Lernen vollzogen hat. Auf der Grundlage dieser Übersicht soll in einem *zweiten Schritt* durch eine Selbstreflexion das Bewusstsein darüber vertieft werden, in welchen familiären, beruflichen oder ehrenamtlichen Arbeitsbereichen er tätig gewesen ist (vgl. ebd., S. 15), welche Erfahrungen er dabei gesammelt hat und welche Fähigkeiten er entwickelt hat. Die Auswahl der jeweils relevanten Tätigkeiten erfolgt dabei in Form einer Selbstbewertung durch den Teilnehmer. Man geht bei dieser Vorgehensweise davon aus, dass viele Menschen erst durch eine derartige Auseinandersetzung mit ihrem bisherigen Leben und ihren bisherigen Tätigkeiten darüber Klarheit bekommen, welches Wissen und welche Kompetenzen sie bisher erworben haben und welchen Wert diese besitzen (vgl. Bretschneider/Hummelsheim 2006, S. 31). Ausgehend von der Beschreibung der Tätigkeiten erfolgt sodann eine Abstrahierung auf die damit verbundenen Fähigkeiten beziehungsweise Kompetenzen, die anhand einer vierstufigen Skala bewertet werden:

„Niveaustufe 1: Ich kann es unter Anleitung durch eine andere Person oder mit Hilfe einer schriftlichen Anleitung tun.
Niveaustufe 2: Ich kann es selbstständig unter ähnlichen Bedingungen tun.
Niveaustufe 3: Ich kann es selbstständig in einem anderen Zusammenhang (Situation, Bedingung, Ort, Arbeitsgebiet) tun.
Niveaustufe 4: Ich kann es selbstständig in einem anderen Zusammenhang tun und kann es erläutern und vormachen" (DIE/DIPF/IES 2006, S. 44).

Werden mit den Niveaustufen eins und zwei *Fähigkeiten* gekennzeichnet, so spricht man bei den Niveaustufen drei und vier von *Kompetenzen*, da Fähigkeiten auf einen anderen Kontext transferiert werden können (vgl. ebd., S. 44).

Sind diese Fähigkeiten und informell erworbenen Kompetenzen identifiziert und dokumentiert, so wird in einem *dritten Schritt* ein persönliches Kompetenzprofil für den Teilnehmer entwickelt. Dazu werden die ermittelten Fähigkeiten und Kompetenzen nochmals gefiltert, neu geordnet und gebündelt. Das Kompetenzprofil besteht dann „aus jeweils acht besonderen persönlich als relevant erachteten Stärken und Fähigkeiten" (ebd., S. 44). In einem *vierten Schritt* dient dieses Kompetenzprofil dann als Ausgangslage für die Planung und Gestaltung des weiteren Bildungs- und Lernweges. Dazu ist die Formulierung konkreter Ziele, die Entwicklung von Ideen und Projekten erforderlich sowie Überlegungen zur Realisierung dieser Ziele. Dieser Abschnitt enthält zusätzlich eine konkrete Zeitplanung (vgl. ebd., S. 45).

Der ProfilPASS ist grundsätzlich so entwickelt, dass der Nutzer damit selbstständig arbeiten kann. Dazu „enthält er in jedem Abschnitt einführende Informationen, Hinweise zur Bearbeitung und eine Reihe von Beispielen" (ebd., S. 45).

Da die meisten Nutzer die Methode des biografischen Arbeitens jedoch nicht gewohnt sind, benötigen sie dennoch Hilfen. Aus diesem Grund ist ein auf den ProfilPASS abgestimmtes Beratungskonzept entwickelt worden. Dieses Konzept ist untergliedert in die Stufen der Kompetenzberatung und der Bildungs- und Weiterbildungsberatung (vgl. ebd., S. 57). Die Beratungsinhalte und -ergebnisse sollen vertraulich behandelt werden und dem Nutzer nach der Durchführung des Passverfahrens als Ergebnis mitgegeben werden (vgl. DIE/DIPF/IES 2005, S. 45 ff., dargest. n. Bretschneider/Hummelsheim 2006, S. 32). Die Inanspruchnahme einer derartigen Beratung ist für die Nutzer zwar freiwillig, wird jedoch von der großen Mehrheit positiv bewertet (vgl. DIE/DIPF/IES 2006, S. 16).

Der ProfilPASS ist, wie viele andere Passaktivitäten, unterhalb der ordnungspolitischen Ebene angesiedelt und liefert keine Berechtigung zum Erwerb einer formalen Qualifikation; ein Anspruch auf eine höhere Lohngruppierung ist ebenfalls nicht gegeben. Dennoch hat sich das System des ProfilPASSes als erfolgreich erwiesen, indem es den Nutzern über den Weg der Selbstreflexion Aufschluss über ihre vorhandenen Kompetenzen liefert und damit Perspektiven für private und berufliche Entwicklungen aufzeigt. Bretschneider und Hummelsheim sehen auch im Bereich der Personalplanung kleinerer und mittlerer Betriebe eine sinnvolle Verwendung der im ProfilPASS dokumentierten Ergebnisse (vgl. Bretschneider/Hummelsheim 2006, S. 33). Letztlich ist durch die Entwicklung des ProfilPASSes ein weiterer Schritt in die Richtung des lebenslangen Lernens getan worden.

4.4 Bedeutung informell erworbener Kompetenzen innerhalb des formalen Berufsbildungs- und Hochschulsystems

Die folgenden Ausführungen behandeln die Frage, inwieweit gegenwärtig eine Einbeziehung informell erworbener Lernleistungen innerhalb der beruflichen Fort- und Weiterbildung erfolgt und inwieweit informell erworbene Kompetenzen einen Zugang zum Hochschulsystem ermöglichen.

4.4.1 Berufliche Fort- und Weiterbildung

Im Bereich der beruflichen Fort- und Weiterbildung besteht für Personen, die zwar eine mehrjährige Berufserfahrung vorweisen können, jedoch keinen formalen Berufsabschluss besitzen, die Möglichkeit, sich informell erworbene Kompetenzen anerkennen zu lassen, um so einen staatlich anerkannten Berufsabschluss zu erwerben.
In § 45 Abs. 2 des Berufsbildungsgesetzes (BBiG 2005) ist geregelt, dass diese Personen als so genannte „Externe" an den Abschlussprüfungen des dualen Systems teilnehmen können.[20] Die Zulassung zur Externenprüfung ist jedoch an bestimmte Bedingungen geknüpft: Der Zugang steht nur solchen Bewerbern offen, die nachweislich mindestens das Eineinhalbfache der vorgeschriebenen Ausbildungszeit in einem Beruf tätig waren, in dem die Prüfung absolviert werden soll.[21] Von der vorgeschriebenen Mindestzeit kann jedoch auch ganz oder teilweise abgesehen werden, wenn die berufliche Handlungsfähigkeit anhand von Zeugnissen oder anderweitig nachgewiesen werden kann. Als Berufstätigkeit werden ferner auch Ausbildungszeiten aus anderen Ausbildungsberufen angerechnet (vgl. BBiG 2005; vgl. auch HWO 1998, § 36 Abs. 2). Die erfolgreiche Absolvierung der Externenprüfung führt zum Erwerb einer beruflichen Qualifikation, die dem Berufsabschluss des dualen Systems gleichwertig ist.

---

[20] Obwohl die Abschlüsse der Externenprüfung denen der Erstausbildung entsprechen, werden sie nach dem Berufsbildungsgesetz der Weiterbildung zugeordnet (vgl. Collingro/Heitmann/Schild 1997, S. 2).
[21] Das BBiG 2005 stellt die novellierte Fassung des BBiG aus dem Jahre 1969 dar. In § 40 Abs. 2 BBiG (1969) musste die nachzuweisende Berufstätigkeit noch mindestens das Doppelte der vorgeschriebenen Ausbildungszeit betragen.

Im Rahmen einer Modellversuchsreihe des Bundesinstituts für Berufsbildung (BIBB) zur „Berufsbegleitenden Nachqualifizierung" wurde für junge Erwachsene, die es aus verschiedenen Gründen nicht geschafft haben, einen formalen Berufsabschluss zu erwerben, ein so genannter „Qualifizierungspass" entwickelt (vgl. BMBF 2001, Teil II, Kap. 5.4.1, S. 1). Dieser eröffnet ihnen die Möglichkeit, entweder Teilqualifikationen oder auch einen vollständigen Berufsabschluss zu erlangen. Dabei werden sowohl innerhalb als auch außerhalb des formalen Berufsbildungssystems erworbene Qualifikationen und Erfahrungen dokumentiert (vgl. Frank 2002, S. 288). Ein solcher Qualifizierungspass kann dieser Personengruppe den Zugang zur Externenprüfung eröffnen (vgl. BMBF 2001, Teil II, Kap. 5.4.1, S. 1).

Eine explizite Ermittlung und Bewertung informell erworbener Kompetenzen findet im Rahmen der Externenprüfung jedoch nicht statt. Die Berücksichtigung von informell erworbenen Kompetenzen eröffnet Interessenten zwar den Zugang zu den Abschlussprüfungen des dualen Systems, es erfolgt jedoch keine Anrechnung informell erworbener Kompetenzen, die zum Beispiel eine Befreiung von bestimmten Prüfungsinhalten ermöglicht. Externe Prüfungsteilnehmer müssen ihre Lernleistungen nach den gleichen gesetzlichen Vorgaben des Ausbildungsberufes nachweisen, die auch für die ordentlichen Auszubildenden innerhalb des dualen Systems gelten. Dies bedeutet, dass der Nachweis von informell erworbenen Kompetenzen letztlich doch auf den Grundlagen formaler Vorgaben zu erfolgen hat (vgl. Frank 2003, S. 184).

4.4.2 Hochschulsystem

Der reguläre Zugang zum Hochschulstudium ist in der Regel an den Nachweis der Hochschulreife (allgemeine Hochschulreife, Fachhochschulreife, fachgebundene Hochschulreife) gebunden. Darüber hinaus existieren jedoch weitere Zugangsmöglichkeiten, die sich unter den Bezeichnungen „dritter Bildungsweg", „Studieren ohne Abitur" und „Hochschulzugang für Berufserfahrene ohne Abitur" zusammenfassen lassen. Den genannten Zugangmöglichkeiten ist gemeinsam, dass sie beruflich Qualifizierten die Aufnahme eines Studiums ermöglichen, ohne dass diese die dazu normalerweise erforderliche schulische Zugangsberechtigung besitzen. Die rechtlichen Rahmenbedingungen dieser Regelung sind im Hochschulrahmengesetz (HRG 2005, § 27 Abs. 2) verankert, in dem es heißt, dass „in der beruflichen Bildung Qualifizierte (..) den Nachweis [der für das Studium erforderlichen Qualifikation, Anm. d. Verf.] nach näherer Bestimmung des Landesrechts auch auf andere Weise erbringen" (BMBF 2005, S. 18) können.

4. Anerkennung informell erworbener Kompetenzen in Deutschland

Die jeweiligen Länderregelungen sind allerdings durch eine ausgesprochene Diversität gekennzeichnet. Dies gilt nicht nur für die verschiedenen Bundesländer, sondern selbst innerhalb eines Bundeslandes existieren voneinander abweichende Regelungen. Die Unterschiede betreffen neben der Art und den Voraussetzungen einer Zulassung zum Studium weiterhin ihre inhaltliche und organisatorische Gestaltung (vgl. Collingro /Heitmann/Schild 1997, S. 7). Gemeinsam ist den meisten Bundesländern jedoch, dass ein formaler Berufsabschluss sowie eine mehrjährige Berufstätigkeit beziehungsweise eine qualifizierte Weiterbildung die Zulassungsvoraussetzungen bilden (vgl. Bundesagentur für Arbeit 2006/2007, S. 10).

Die folgende Abbildung veranschaulicht die jeweiligen Zugangsregelungen der einzelnen Bundesländer:

Hochschulzugang für beruflich qualifizierte Bewerber/innen ohne schulische Hochschulzugangsberechtigung (Universität, Fachhochschule (FH), Berufsakademie (BA))

Bundesland	Zugangsprüfung	Probestudium	Beratungs-/ Eignungsgespräch	Direktzugang
Baden-Württemberg	FH/Uni/BA		FH/Uni/BA	
Bayern		FH		
Berlin		FH/Uni		
Brandenburg	FH/Uni	FH/Uni		
Bremen	FH/Uni	FH/Uni		FH/Uni (Kontaktstudium)
Hamburg	FH/Uni		FH/Uni	
Hessen	FH/Uni/BA			FH/Uni/BA
Mecklenburg-Vorpommern	FH/Uni			
Niedersachsen	FH/Uni/BA			FH/Uni/BA
Nordrhein-Westfalen	FH/Uni			FH
Rheinland-Pfalz	Uni	FH/Uni		
Saarland	FH/Uni/BA	FH/Uni/BA		
Sachsen	FH/Uni/BA			
Sachsen-Anhalt	FH/Uni			FH
Schleswig-Holstein	FH	FH/Uni	FH/Uni/BA	
Thüringen	FH/Uni	FH/Uni		

Darst. 6: Zugangsregelungen zum Hochschulstudium für beruflich Qualifizierte
(Quelle: Bundesagentur für Arbeit 2006/2007, S. 11)

Wie aus der Abbildung ersichtlich wird, ist der Zugang zum Hochschulstudium für beruflich Qualifizierte ohne Abitur in den meisten Bundesländern an die Teilnahme an einer *Zugangsprüfung* gebunden. Die inhaltliche Ausrichtung der Prüfung fordert den schriftlichen und mündlichen Nachweis von Allgemein- und Fachwissen, das sich auf den gewählten Studiengang bezieht. Verbreitet ist auch die Möglichkeit, ein *Studium auf Probe* aufzunehmen. Ein solches Studium unterliegt in der Regel einer zeitlichen Begrenzung von zwei bis vier Semestern und kann nur in solchen Studiengängen aufgenommen werden, die dem Berufsabschluss des Bewerbers entsprechen. Seltener ist ein *Direktzugang* zum Hochschulstudium möglich, bei dem die Zulassung zum Studium ohne weitere Umwege (z.B. über eine Zugangsprüfung oder ein Probestudium) möglich ist. Teilweise gehen dieser Art der Studienaufnahme Eignungs- und Beratungsgespräche voraus. Schließlich besteht für Meister (oftmals auch für Techniker und Fachwirte) die Möglichkeit, ein *Meisterstudium* zu ergreifen. Die Aufnahme dieses Studiums erfolgt in den meisten Bundesländern über den Weg des Direktzugangs (vgl. ebd., S. 10). In vielen Fällen werden in den einzelnen Bundesländern darüber hinaus ein spezifischer Schulabschluss mit einer bestimmten Durchschnittsnote, ein gewisses Mindestalter sowie weiterhin ein ständiger Wohnsitz innerhalb des Bundeslandes, in dem das Studium aufgenommen werden soll, vorausgesetzt (vgl. Wolter 2003, S. 93).

Wenngleich der Besitz einer formalen Qualifikation die zentrale Voraussetzung für die Zulassung zu einer Zugangsprüfung bildet, werden jedoch auch berufsrelevante informell erworbene Kompetenzen zertfifiziert, sofern diese im Rahmen der Prüfungen erfolgreich nachgewiesen werden konnten. Eine derartige Zertifizierung berechtigt beruflich Qualifizierte zur Aufnahme eines Studiums. Die auf informellem Wege erworbenen Kenntnisse, Fähigkeiten und Fertigkeiten werden zudem – wenn auch eher indirekt – über den in den meisten Bundesländern erforderlichen Nachweis einer mehrjährigen Berufstätigkeit berücksichtigt. Schließlich können informelle Lernleistungen für Collingro, Heitmann und Schild weiterhin in die vor Beginn des Studiums erfolgenden Aufnahmegespräche einfließen, wenngleich in diesem Rahmen keine gesonderte Identifizierung, Bewertung und vor allem keine Zertifizierung der festgestellten oder der vermuteten Kompetenzen stattfindet (vgl. Collingro/Heitmann/Schild 1997, S. 8).

Im Jahre 2005 (vgl. BMBF 2006, S. 269) hat das BMBF ein Projekt mit dem Ziel gestartet, Verfahren zu entwickeln, mit denen die in der beruflichen Weiterbildung erworbenen Qualifikationen und Kompetenzen erfasst und auf das universitäre Studium angerechnet werden können. Die qualitative Bewertung von beruflichen und universitären Qualifikationen und Kompetenzen erfolgt unter Einbeziehung „des universitären Leistungspunktesystems ECTS (mit den Elementen learning outcomes, workloads, Lernstufen)" (ebd., S. 309). Durch die Zuordnung von Leistungspunkten soll eine bessere Vergleichbarkeit von beruflichen Qualifikationen und Kompetenzen mit denen des Hochschulstudiums erreicht werden. Die Anrechnung von beruflichen Kompetenzen auf Hochschulstudiengänge trägt einerseits zu einer Verkürzung von Studienzeiten und einer Förderung der Aufstiegschancen beruflich Qualifizierter bei. Andererseits wird Studienabbrechern die Möglichkeit eröffnet, ihre im Rahmen des Studiums erworbenen Kenntnisse und Kompetenzen für den Erwerb eines Berufsabschlusses zu nutzen. Die wechselseitige Anerkennung und Anrechnung von beruflichen und universitären Kompetenzen und Qualifikationen trägt zu einer verbesserten Durchlässigkeit zwischen dem Berufsbildungs- und dem Hochschulsystem bei (vgl. ebd., S. 308 f.).[22]

4.5 Betrieblicher Kontext

Gemessen an den zuvor genannten Aktivitäten im formalen Berufsbildungs- und Hochschulsystem, nehmen Verfahren zur Erfassung und Bewertung berufsrelevanter Kompetenzen auf betrieblicher Ebene einen höheren Stellenwert ein. Allerdings bleibt der Nutzen der in diesem Kontext gewonnenen Erkenntnisse und Ergebnisse meist auf eine innerbetriebliche Anerkennung beschränkt; eine formale Anerkennung erfolgt in der Regel nicht.

Im Folgenden werden exemplarisch verschiedene Verfahren und Instrumente vorgestellt, die auf betrieblicher Ebene zur Erfassung und Beurteilung von Kompetenzen zum Einsatz kommen. Ihre Bedeutung liegt dabei in den Bereichen der Personalrekrutierung, der Personalentwicklung und -beurteilung sowie in dem Bereich der Beendigung von Arbeitsverhältnissen.

4.5.1 Personalrekrutierung

Bei Neueinstellungen werden die Betriebe oft mit einer unüberschaubaren Vielzahl von Bewerbungen konfrontiert. Um eine erste Vorauswahl zu treffen, erfolgt die Beurteilung der Kompetenzen und Qualifikationen der Bewerber in einem ersten Schritt durch die Sichtung ihrer Bewerbungsunterlagen. Diese enthalten in der Regel formale Nachweise (Zeugnisse, Diplome etc.) sowie Belege über non-formal und informell erworbene Kompetenzen (Teilnahmebescheinigungen, Arbeitszeugnisse, Lebensläufe etc.).
Hinsichtlich des Stellenwertes formal zertifizierter Kenntnisse und der Bedeutung non-formal und informell erworbener Kompetenzen werden bei der Personalrekrutierung divergierende Ansichten vertreten:
Auf der Grundlage verschiedener Interviews mit Personalverantwortlichen kommen Faulstich und Vespermann zu dem Schluss, dass „die 'Papierlage' (..) nach wie vor der erste Selektionsmechanismus" (Faulstich/Vespermann 2001, S. 46) ist, durch den teilweise 80 Prozent der Bewerber aussortiert werden. Von daher sind formale Nachweise und Weiterbildungszertifikate, die von allgemein bekannten und staatlich anerkannten

---

[22] Die Laufzeit des Forschungsprojektes endet im Jahr 2007 (vgl. BMBF 2006, S. 269).

Institutionen stammen, ihrer Meinung nach wichtige Elemente einer Bewerbung (vgl. ebd. 2001, S. 47-50). Demgegenüber vertreten Collingro, Heitmann und Schild eine etwas andere Meinung. Sie stimmen zwar zu, dass formale Berufsabschlüsse für die Personalauswahl sowie für die Einstufung in bestimmte Lohn- und Gehaltsgruppen durchaus relevant sind, dass diese aber nicht das einzige ausschlaggebende Kriterium darstellen (vgl. Collingro/Heitmann/Schild 1997, S. 19).

Zu einem ähnlichen Ergebnis kommt auch eine vom BMBF durchgeführte Studie: „Gesucht werden fachlich kompetente Menschen, die darüber hinaus beispielsweise die Fähigkeit besitzen, in unterschiedlichen Situationen angemessen zu (re-)agieren, im Team oder allein zu arbeiten, die Bereitschaft zur Übernahme von Verantwortung zeigen und/oder kontaktfreudig sind" (BMBF 2004, S. 92). Doch gerade diese Fähigkeiten lassen sich den schriftlichen Bewerbungsunterlagen in der Regel nicht entnehmen. Lediglich die im Lebenslauf genannten Hobbys, ehrenamtlichen Tätigkeiten, Mitgliedschaften in Vereinen et cetera lassen indirekt Rückschlüsse auf etwaige Kompetenzen der Bewerber zu, die sie in non-formalen oder in informellen Bereichen erworben haben.

Um sich ein umfassenderes Bild über die Bewerber zu machen und um die Entscheidung für oder gegen einen Bewerber zu untermauern, werden zusätzlich Bewerbungsgespräche geführt, bei denen die fachlichen Kompetenzen der Bewerber eine eher untergeordnete Rolle spielen. Stattdessen können in diesem Rahmen besonders Fragen zu außerfachlichen und informell erworbenen Kompetenzen der Bewerber geklärt werden, die nicht aus den Bewerbungsunterlagen ersichtlich sind. Einen weiteren Selektionsmechanismus können Assessment-Center bilden, die in der Regel vor einer Einladung zum Vorstellungsgespräch durchgeführt werden. Auch bei den Verfahren der Assessment-Center geht es nicht so sehr um die Feststellung fachlicher Kenntnissen, da diese in der Regel bereits über Zeugnisse und Ähnlichem belegt wurden. Vielmehr steht auch hier die Ermittlung außerfachlicher Fähigkeiten, wie die der personalen und sozialen Kompetenzen, im Mittelpunkt.

4.5.2 Personalentwicklung

Formale Qualifikationen, die innerhalb der beruflichen Erstausbildung erworben wurden, können im Zuge des immer schneller veraltenden Wissens nicht mehr den Anforderungen eines lebenslangen Lernens gerecht werden. In diesem Rahmen kommt den betrieblichen Weiterbildungsmaßnahmen eine immer höhere Bedeutung zu, um den aktuellen und auch den zukünftigen Anforderungen am Arbeitsplatz zu entsprechen (vgl.

4. Anerkennung informell erworbener Kompetenzen in Deutschland

Faulstich/Vespermann 2001, S. 52). Kompetenzfeststellungsverfahren, die im Rahmen der Personalentwicklung zum Einsatz kommen, zielen deshalb vor allem auf eine Ermittlung und Beurteilung der im Arbeitsprozess erworbenen informellen Kompetenzen ab. Ziel ist es, die Entwicklungspotenziale beziehungsweise die Stärken und Schwächen von Mitarbeitern festzustellen und zu beurteilen. Dies erklärt auch in diesem Bereich die zunehmende Bedeutung der Assessment-Center-Verfahren.

Weitere formalisierte Bewertungsverfahren zur Personalentwicklung, die oftmals ein bis zwei Mal pro Jahr in Großbetrieben zum Einsatz kommen, sind Einstufungen in Kompetenzlisten, schriftliche Beurteilungen sowie Gespräche zwischen Mitarbeitern und Vorgesetzten (vgl. Bretschneider/Gnahs 2005, S. 31 f.).

Die bisherigen Ausführungen haben gezeigt, dass die Erfassung von informell erworbenen Kompetenzen in der betrieblichen Beurteilungspraxis einen hohen Stellenwert einnimmt. Allerdings mündet keines der genannten Kompetenzfeststellungsverfahren in einen Erwerb von Zertifikaten, denn sämtliche in der Personalentwicklung zum Einsatz kommende Verfahren arbeiten auf einer rein formativen Basis. Eine Dokumentation über die Art und die Dauer von Weiterbildungsteilnahmen sowie über die Ergebnisse aus Mitarbeiterbeurteilungen erfolgt in der Regel als Anlage in der Personalakte. Somit ist der Nutzen derartiger Belege stark auf den jeweiligen Betrieb beschränkt. Während die Arbeitnehmer von einer derartigen Dokumentation, zum Beispiel bei einem Wechsel des Arbeitgebers, profitieren würden, besteht von Unternehmensseite jedoch kein Interesse an einer unternehmensübergreifenden Zertifizierung von Kompetenzen. Eine Zertifizierung streben sie schon deshalb nicht an, weil damit kein betrieblicher Eigennutz verbunden ist. Ein Personalverantwortlicher hat sich in einem Interview dazu folgendermaßen geäußert:

> *„Bei Zertifikaten halte ich in erster Linie die Inhalte für wichtig und nicht den Formalabschluss. Das liegt aber auch daran [sic] das [sic] ich einen Mitarbeiter über Zertifikate nicht wegbefördern will. Also ich mache ihn ja durch Zertifikate für den Arbeitsmarkt interessanter und könnte ihn dadurch möglicherweise bewegen, sich außerhalb des Unternehmens umzutun. Da ich viel in ihn investiert habe [sic] möchte ich das als Unternehmensvertreter gar nicht, sondern möchte ihn halten und wäre unter diesem Aspekt mit einer Zertifizierung eher zurückhaltend. Mir ist allerdings bekannt, dass die Mitarbeiter ein gegenteiliges Interesse haben"* (Faulstich/Vespermann 2001, S. 52).

Weitere Gründe, die von Arbeitgeberseite her gegen eine Erfassung auch informell erworbener Kompetenzen sprechen, liegen in dem damit verbunden Arbeitsaufwand für die Betriebe sowie in etwaigen Lohn- und Gehaltsansprüchen, die Arbeitnehmer daraus ableiten könnten (vgl. Bretschneider/Gnahs 2005, S. 32). Infolgedessen bleibt Arbeitnehmern bei einem angestrebten Wechsel des Arbeitgebers fast nichts anderes übrig, als ihre non-formal und informell erworbenen Kompetenzen in ihrem Lebenslauf (vgl.

Collingro/Heitmann/Schild 1997, S. 21) oder im Rahmen von Bewerbungsgesprächen umfassend darzustellen. Aber auch ein Portfolio sämtlicher für die Erwerbsarbeit relevanter Dokumente (Arbeitszeugnisse, Arbeitsproben, Teilnahmebescheinigungen, Abschlusszeugnisse, Selbsteinschätzungen, Arbeitsplatzbeschreibungen, Belege über ehrenamtliche Tätigkeiten etc.) kann Betroffenen die Möglichkeit bieten, einen Nachweis über ihre formal und informell erworbenen Kompetenzen zu erbringen. Nach Frank kommen Portfolio-Verfahren auch im Rahmen der innerbetrieblichen Personalentwicklung zum Einsatz, wenngleich ihre Bedeutung auch nur auf den jeweiligen Betrieb beschränkt ist (vgl. Frank 2002, S. 288).

4.5.3 Beendigung von Arbeitsverhältnissen

Kompetenzen, die im Rahmen der Erwerbsarbeit erworben wurden, werden auf betrieblicher Ebene traditionell in Arbeitszeugnissen dokumentiert. Mitarbeiter, die aus einem Betrieb ausscheiden oder die einen Wechsel des Arbeitgebers anstreben, haben nach Beendigung des Arbeitsverhältnisses einen rechtlichen Anspruch auf ein schriftliches Arbeitszeugnis. Unterscheiden lassen sich einfache und qualifizierte Arbeitszeugnisse. Während sich die Angaben einfacher Zeugnisse auf die Art und die Dauer des Beschäftigungsverhältnisses beschränken, enthalten qualifizierte Arbeitszeugnisse darüber hinaus Angaben zur Leistung und zum Verhalten des Arbeitnehmers. Gesetzliche Bestimmungen regeln, dass die Formulierungen klar und verständlich sein müssen (vgl. GewO 1999, § 109; vgl. auch BGB 2006, § 630).

Arbeitszeugnisse genießen auf dem Arbeitsmarkt eine hohe Akzeptanz. Dennoch lassen sich verschiedene Faktoren anführen, die zu einer Minderung ihres Aussagewertes beitragen: „Soziale und personale Fähigkeiten werden häufig umschrieben, die geltende Zeugnissprachregelung, wonach Zeugnisse keine negativen bzw. rufschädigenden Angaben enthalten dürfen, eröffnet den Betrieben nur begrenzte Möglichkeiten, das Kompetenzprofil umfassend zu beschreiben" (Frank 2003, S. 188). Die gesetzlich verankerte Zeugnissprachregelung lässt sich jedoch durch eine Art Code „umgehen", den sich Arbeitgeber bei der Formulierung von Zeugnissen zunutze machen können. Auf diese Weise lassen sich selbst unbefriedigende Arbeitsleistungen in einem positiven Licht darstellen, ohne den Ruf des Betroffenen offen zu schädigen. Die Aussicht, dass es von Seiten der Betriebe zu einer inhaltlichen Optimierung der Arbeitszeugnisse kommt, sieht Käpplinger als gering an, da dies zwar für die ausscheidenden Mitarbeiter und für die potenziellen Arbeitgeber von Nutzen wäre, jedoch nicht für den Betrieb, der das Arbeitszeugnis ausstellt (vgl. Käpplinger 2002, S. 22). Zusätzlich können arbeitsprozessbegleitende Beurteilungen in Form von Belegen aus Mitarbeitergesprächen, Teilnahmebescheinigungen über Qualifizierungsmaßnahmen sowie Belobigungs- und Dankesschreiben eine positive Ergänzung zu den Arbeitszeugnissen bilden (vgl. Bretschneider/Gnahs 2005, S. 32; BMBF 2004, S. 94).

Wenn Arbeitszeugnisse neben den fachlichen Kompetenzen und Qualifikationen weiterhin Aussagen zu den personalen und sozialen Kompetenzen ihrer Inhaber machen, finden informell erworbene Kompetenzen eine explizite Berücksichtigung. Eine besondere Ermittlung und Bewertung der informell erworbenen Lernleistungen erfolgt jedoch nicht; sie beruhen vielmehr auf subjektiven Einschätzungen der Personalverantwortlichen.

4.6 Außerbetriebliche Dokumentationsaktivitäten: Die Kompetenzbilanz des DJI und der KAB

Ausgangslage für die Entwicklung des Projekts „Familienkompetenzen als Potenzial einer innovativen Personalpolitik" durch das DJI und durch die KAB ist das Bewusstsein, dass auch im Lernort Familie Kompetenzen erworbenen werden, die für die Betroffenen sowohl im persönlichen Bereich als auch im Erwerbsleben von Nutzen sein können. Voraussetzung dazu ist, dass sich die Personen über ihre individuellen Fähigkeiten bewusst werden und dass diese dann auch im betrieblichen Bereich anerkannt werden. Die „Kompetenzbilanz" ist das Instrument, mit dem die in der Familienarbeit erworbenen sozialen und personalen Kompetenzen erfasst und bewertet werden (vgl. Gerzer-Sass/Sass 2003, S. 4 f.). Zur Zielgruppe einer solchen Kompetenzbilanzierung zählen insbesondere erwerbstätige Mütter und Väter, an Weiterbildung Interessierte sowie Berufsrückkehrer (vgl. Erler 2003, S. 169).

Der Bilanzierungsprozess umfasst verschiedene Methoden und Arbeitsschritte, die in der folgenden Darstellung veranschaulicht werden:

4. Anerkennung informell erworbener Kompetenzen in Deutschland

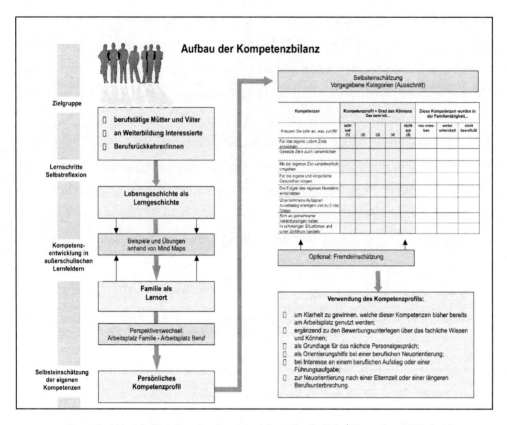

Darst. 7: Ablauf der Erstellung einer Kompetenzbilanz (Quelle: Erler/Gerzer-Sass 2002, S. 14)

Nach Erler und Gerzer-Sass lässt sich die individuelle Bearbeitung der Kompetenzbilanz in die folgenden drei Schritte unterteilen:

Im ersten Schritt erfolgt eine biografische Vergegenwärtigung der eigenen *Lebensgeschichte als Lerngeschichte*. Die selbstreflexive Auseinandersetzung mit der eigenen Lernbiografie wird durch das Mind-Map-Verfahren angeregt. Der zweite Teil sieht eine Auseinandersetzung mit der eigenen *Familie als Lernort* vor. Auch dieser Schritt wird durch den Einsatz von Mind-Maps unterstützt. Auf der Grundlage verschiedener Beispiele aus dem Familienalltag (z.B. „Erkrankung eines Kindes") werden die Bearbeiter dazu aufgefordert, eine Reflexion der in solchen Situationen erforderlichen und gebräuchlichen Kompetenzen vorzunehmen. In einem Zwischenschritt erfolgt ein *Perspektivenwechsel von der Familienarbeit zur Erwerbsarbeit*. Anhand von konkreten Beispielen geht es um die Klärung der Fragen, welche Kompetenzen die Bearbeiter bereits jetzt in der Familie und am Arbeitsplatz anwenden und welche bei zukünftigen Arbeitsanforderungen zu erbringen sind. Auf der Basis der vorausgegangenen Erkenntnisse erfolgt in einem dritten Schritt schließlich die eigentliche *Erstellung des individuellen Kompetenzprofils*. Mithilfe eines Klassifikationssystems von sozial-kommunikativen, personalen und methodischen Kompetenzen werden die Nutzer dazu aufgefordert, eine Selbsteinschätzung ihrer Fähigkeiten vorzunehmen. Die Bewertung der eigenen Lernleistungen erfolgt auf einer fünfstufigen Skala von „Das kann ich sehr gut" (1) bis „Das kann ich nicht gut" (5). Weiterhin beurteilen die Anwender ihre Kompetenzen dahingehend, ob diese im Rahmen der Familienarbeit entweder neu erworben oder weiter entwickelt wurden beziehungsweise unverändert blieben. Bewertet werden beispielsweise die Fähigkeiten, in schwierigen Situationen und unter Zeitdruck zu handeln oder die Fähigkeit, übernommene Aufgaben zuverlässig zu erledigen. Zusätzlich zu der Selbstbewertung kann eine Fremdeinschätzung ergänzend herangezogen werden, um das Kompetenzprofil zu objektivieren. Dies geschieht idealerweise durch vertraute Personen, zum Beispiel durch Partner, Freunde oder Arbeitskollegen. Auf der Grundlage einer derartigen Bilanzierung der in der Familienarbeit angewandten oder erworbenen Kompetenzen kann eine weitergehende Bewertung dahingehend erfolgen, inwieweit die eigenen Stärken auch tatsächlich in die Erwerbsarbeit eingebracht werden können. Indem die Kompetenzbilanz auch individuelle Schwächen sichtbar macht, liefert sie eine Anregung zur Kompensation derselben (vgl. Erler/Gerzer-Sass 2002, S. 15 ff.).

Eine Befragung der bilanzierten Personen ergab, dass 87 Prozent der Männer und 75 Prozent der Frauen durch die Erstellung ihrer persönlichen Kompetenzbilanz sich erstmals darüber bewusst wurden, über welch umfassendes, auf informellem Lernen beruhendes Kompetenzspektrum sie verfügen. Mehr als 40 Prozent der berufstätigen Männer und Frauen wollen demnach die Ergebnisse der Kompetenzbilanz für ihre zukünftige Karriere- und Weiterbildungsplanung sowie zur Vorbereitung auf Mitarbeiter- und Personalgespräche nutzen. 20 Prozent der Befragten streben einen Einsatz der Kompetenzbilanz zur systematischen Darstellung ihrer Kompetenzen bei zukünftigen Bewerbungsgesprächen an. Weitere 20 Prozent wollen die Bilanzierung für den Wiedereinstieg in das Berufsleben nach einer Familienpause oder für eine berufliche Umorientierung nutzen (vgl. Erler 2003, S. 174).

Als problematisch erweist sich jedoch, dass die der Kompetenzbilanz zugrunde liegenden Selbst- und Fremdeinschätzungen immer von dem persönlichen Qualifikations- und Anspruchsniveau sowie von der Wahrnehmung der Befragten beeinflusst werden. Es existieren keine Bezugspunkte, anhand derer die in der Familienarbeit erworbenen Kompetenzen zuverlässig bewertet werden können. Hinzu kommt, dass die Kontextgebundenheit von Kompetenzen nicht ausreichend berücksichtigt wird, weshalb Weiß sich für die Notwendigkeit einer aufgaben- und handlungsspezifischen Ausrichtung der

Kompetenzen ausspricht. So bedeutet Kommunikationsfähigkeit beispielsweise für eine Einzelhandelskauffrau etwas anderes als für einen Buchhalter. Zusammenfassend kommt er zu dem Schluss, dass es jedem Betrieb und jeder Bildungseinrichtung selbst überlassen sein muss, ob sie Kompetenzbilanzen von Mitarbeitern oder Bewerbern in ihre Personalentscheidungen einfließen lassen (vgl. Weiß 2002, S. 63 f.).

Bei der Kompetenzbilanz steht die Erfassung von informell erworbenen Kompetenzen, besonders die der personalen, sozial-kommunikativen und methodischen Kompetenzen, im Mittelpunkt. Mit diesem Verfahren wird jedoch keine formale Anerkennung im Sinne einer Zertifizierung der in der Familienarbeit erworbenen Kompetenzen angestrebt. Die Kompetenzbilanz lässt sich vielmehr als ein auf formativer Basis arbeitendes Instrument bezeichnen, das einerseits einer persönlichen Standortbestimmung dient und andererseits einen besseren Transfer von Familienkompetenzen in die Erwerbsarbeit anstrebt. Die Erstellung einer persönlichen Kompetenzbilanz kann einen entscheidenden Beitrag zur beruflichen Laufbahnplanung leisten. Inwiefern ihre Ergebnisse im Rahmen von Personalentscheidungen jedoch tatsächlich berücksichtigt werden, ist fraglich.

5. Stand der Anerkennung informell erworbener Kompetenzen in Europa

In zahlreichen europäischen Nachbarländern existieren bereits verschiedene Verfahren, die eine Anerkennung von Kompetenzen vorsehen. Wie den folgenden Ausführungen zu entnehmen ist, gehen einige von ihnen (z.B. die „bilans de compétences", Frankreich) auf einen sehr frühen Entwicklungszeitpunkt zurück, während andere erst vor einigen Jahren (z.B. das „Schweizerisches Qualifikationsbuch") implementiert wurden. Im Unterschied zu Deutschland wurde die Bedeutung des informellen Lernens für das lebenslange Lernen in diesen Ländern vergleichsweise früh erkannt. Dies führte dazu, dass verschiedene politische und praktische Initiativen auf europäischer Ebene dieses Thema „allmählich aus dem reinen Experimentier- ins frühe Durchführungsstadium befördert haben" (Bjørnåvold 2001, S. 13).

Die folgenden Erläuterungen geben einen Überblick über ausgewählte europäische Initiativen im Bereich der Identifizierung, Bewertung und Anerkennung informell erworbener Kompetenzen. Diese werden auf der Grundlage der vier Länder Großbritannien, Frankreich, Finnland und der Schweiz vorgestellt, da die entsprechenden Entwicklungen dort am weitesten fortgeschritten sind. Den jeweiligen Ländern liegen gesetzliche Bestimmungen zugrunde, die die Rahmenbedingungen für Verfahren zur Erfassung und Anerkennung informell erworbener Kompetenzen vorgeben.

5.1 Großbritannien: Das NVQ-System mit dem integrierten Verfahren der APL

Das britische Berufsbildungssystem der siebziger und achtziger Jahre war durch eine Vielzahl von Unzulänglichkeiten gekennzeichnet. Diese betrafen insbesondere seine mangelnde Strukturierung, die geringe Bildungsbeteiligung nach dem Ende der Pflichtschulzeit sowie starke Überschneidungen, aber auch Angebotslücken bei den Möglichkeiten zum Erwerb einer beruflichen Qualifikation. Zudem existierten umfassende Zugangsbarrieren, die den Erwerb von beruflichen Qualifikationen und Abschlüssen erschwerten. So waren die verschiedenen Qualifikationen nur unzureichend aufeinander abgestimmt und es fehlten Möglichkeiten zur Anrechnung von Vorleistungen. Auch wurde in den Prüfungen vor allem Wissen, aber keine Fähigkeiten überprüft. Insofern fanden informell erworbene Kompetenzen bei dem Erwerb eines Berufsabschlusses keine Berücksichtigung. Um diese Defizite abzubauen und um Licht in den „Zertifikatsdschungel"[23] des britischen Berufsbildungssystems zu bringen, führte der *National Council for Vocational Qualifications* (NCVQ)[24] im Jahre 1987 in England und in Wales ein System nationaler Berufsqualifikationen ein, das so genannte NVQ („*National Vocational Qualification*")-System (vgl. Ertl[25] 2003, S. 368 f).

5.1.1 Grundlagen des NVQ-Systems

NVQs sind berufliche Qualifikationen, die auf nationaler Ebene entwickelt wurden. Sie beschreiben „die Gesamtheit aller Kompetenzen, die für eine bestimmte Beschäftigung benötigt werden" (Merle 1997, S. 43). Die *NVQs* stellen das Resultat „einer Bewertung der zur Erfüllung einer beruflichen Anforderungssituation erforderlichen Fähigkeiten und Wissens" (Bretschneider 2005, S. 3) dar. Sie können in elf Berufsfeldern erworben werden (vgl. Ertl 2003, S. 369).

Das *NVQ-System* lässt sich als „das am klarsten und deutlichsten ausgeprägte Beispiel eines kompetenz- und leistungsbezogenen, outputorientierten Berufsbildungssystems" (Bjørnåvold 2001, S. 111) charakterisieren. Die Grundidee des *NVQ-System* ist, dass es nicht so sehr drauf ankommt, auf welche Art (wie) oder in welchen Bildungsstätten (wo) die berufsrelevanten Kompetenzen entwickelt werden. Von Bedeutung ist stattdessen das „Was", nämlich der Output. Infolgedessen zählt in erster Linie das Lernergebnis. Somit schließt das britische System nationaler beruflicher Qualifikationen grundsätzlich auch das informelle Lernen ein (vgl. ebd., S. 111). Damit eine Anerkennung dieser informell erworbenen Kompetenzen für den Erwerb einer formalen Qualifikation ermöglicht werden kann, wurde ein spezielles Verfahren zur „Akkreditierung von früher erworbenen Kenntnissen" („*Accreditation of Prior Learning – APL*") entwickelt und in das *NVQ-System* integriert (vgl. Ertl 2003, S. 370). Um die charakteristischen Merkmale des *APL-Verfahrens* herauszuarbeiten, ist es in einem ersten Schritt erforderlich, die grundlegenden Prinzipien des *NVQ-System*s darzulegen.

---

[23] Die Einführung nationaler Kompetenzstandards sollte zu einer Auflösung des „Dschungels der Qualifikationen" (Davies, 2003, S. 32) beitragen, da die berufliche Bildung durch eine enorme und damit unüberschaubare Angebotsvielfalt geprägt war (vgl. Bretschneider 2005, S. 1, S. 3). So existierten gegen Ende der neunziger Jahre über 300 verschiedene Institutionen, die pro Jahr etwa zwei Millionen Zeugnisse verschiedenster Art ausstellten (vgl. Merle 1997, S. 43, Fn. 3). Dieser Umstand führte dazu, dass Arbeitgeber die Vielzahl der Qualifikationen oft nicht mehr überblicken und einordnen konnten (vgl. Bünning/Hortsch/Novy 2000, S. 32).
[24] Im Jahr 1997 wurde der *NCVQ* von der *Qualification and Curriculum Authority* (QCA) abgelöst (vgl. Bünning/Robertson 2001, S. 391).
[25] Ertl bezieht sich in seinen Ausführungen unter anderem auf die folgenden Autoren: Finegold/Soskice (1988), Fletcher (1991), Jessup (1991), Nasta (1994), QCA (2000). Aufgrund der Kürze der Bearbeitungszeit konnte die entsprechende Primärliteratur dieser Autoren nicht herangezogen werden.

5.1.1.1 Aufbau einer NVQ

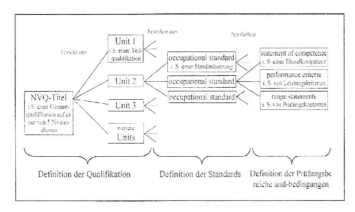

Die modular strukturierten *NVQs* setzen sich aus einer vorgegebenen Kombination von sechs bis zehn Kompetenzeinheiten, den so genannten *„Units of Competence"* zusammen.

*Darst. 8: Modularer Aufbau und Definitionsbereiche von NVQs
(Quelle: Ertl 2003, S. 373)*

Diese Units geben, gemeinsam mit dem *NVQ*-Titel, das Leistungsniveau der angestrebten Qualifikation vor (vgl. Ertl 2003, S. 372). *NVQs* können auf fünf verschiedenen Qualifikationsebenen erworben werden, die sich hinsichtlich ihrer Komplexität, ihres Verantwortungsgrades sowie hinsichtlich ihrer Arbeitsanforderungen und des Leistungsniveaus voneinander unterscheiden. Unterhalb der ersten Ebene existiert zunächst eine Einstiegsstufe (vgl. Davies 2003, S. 32). Die weiteren Stufen reichen von Kompetenzen im Rahmen routinemäßiger Arbeiten in vorhersehbaren Anforderungssituationen (Level 1) über Kompetenzen im Rahmen unterschiedlicher, komplexer und nicht routinemäßiger Arbeitstätigkeiten in vielschichtigen Anforderungssituationen. Oftmals gehen diese mit der Führung und Überprüfung anderer Personen einher (Level 3). Komplexe Tätigkeiten in unvorhersehbaren Arbeitsbereichen und -situationen, die mit der Übernahme von Personalverantwortung sowie der „Zuteilung substanzieller Ressourcen" (Bretschneider 2005, S. 3) verbunden sind, entsprechen dem Level 5. Während sich die Level eins bis drei auf (handwerkliche) Qualifikationen der unteren bis mittleren Ebene beziehen, lassen sich die Level vier und fünf als gleichwertig zu Hochschulabschlüssen betrachten (vgl. Bünning/Hortsch/Novy 2000, S. 41).

Die jeweiligen Units bestehen wiederum aus jeweils vier bis zehn *„Occupational Standards"*, die die Anforderungen für die Prüfungen festlegen.[26] Sie resultieren aus „Funk-

---

[26] Diese Standardfestsetzungen werden von der Arbeitgeberseite festgelegt. Dies erfolgt durch sektorspezifische *„Sector Skills Councils"*, „die zwar vom zuständigen Ministerium (*Department for Education and Skills*) anerkannt werden müssen, aber weitgehend ohne staatliche oder gewerkschaftliche Einflüsse die Inhalte und Standards der Qualifikationen bestimmen" (Ertl 2003, S. 377). Die zeugniserteilenden und Prüfungen überwachenden Gremien, die so genannten *„Awarding Bodies"*, können lediglich auf die Entwicklung der Prüfungsbestimmungen sowie auf die Auswahl der jeweiligen Units für eine Gesamtqualifikation Einfluss nehmen. Die Anerkennung dieser Qualifikation erfolgt über die *QCA* (vgl. ebd., S. 377).

tionsanalysen, durch die in einem Wirtschaftssektor typische berufliche Rollen und Arbeitsverrichtungen untersucht und in Tätigkeitselemente unterteilt werden" (Ertl 2003, S. 373). Jeder einzelne Standard beschreibt ein spezifisches Kompetenzelement (*„Element of Competence"*), für das wiederum spezifizierte Angaben zu den Prüfungskriterien (*„Performance Criteria"*) sowie zu den Prüfungskontexten (*„Range Statements"*) existieren. Die Schwierigkeitsgrade der Prüfungskriterien und -kontexte variieren je nach Leistungsniveau der zu absolvierenden Unit (vgl. ebd., S. 372-375).

5.1.1.2 Prüfung

Da jede einzelne Unit eine abgeschlossene Einheit darstellt, können die jeweiligen Units unabhängig voneinander und in beliebiger Reihenfolge absolviert werden (vgl. ebd., S. 373 f.). Aufgrund des ergebnisorientierten Charakters des *NVQ-System*s sind ausschließlich die vom Kandidaten demonstrierten und somit beobachtbaren Fähigkeiten und Fertigkeiten von Interesse. Auf welchem Wege diese erworben wurden, spielt für ihre Bewertung keine Rolle (vgl. ebd., S. 371). Die Prüfung jeder einzelnen Unit umfasst die Demonstration *aller* Prüfungskriterien (Performance Criteria) in *allen* dafür vorgesehenen Prüfungskontexten (Range Statements). Präferiert werden vor allem Prüfungen am Arbeitsplatz des Kandidaten, wobei dieser bei der Verrichtung typischer Tätigkeiten seines Arbeitsalltags von einem so genannten *„Assessor"* beobachtet wird. Anhand von Katalogen, in denen die Prüfungskriterien und -kontexte spezifiziert sind, überprüft dieser Schritt für Schritt, ob die geforderten Kriterien erfüllt werden. Zusätzlich werden unabhängige *„External Verifiers"* zur Überwachung und Qualitätssicherung der Prüfungen eingesetzt (vgl. ebd., S. 376 f.). Der Bewertung des Kandidaten liegen keine Abstufungen zum Beispiel in Form von Noten zugrunde, denn es wird lediglich zwischen den beiden Kriterien *„competent"* oder *„not yet competent"* unterschieden. Reichen die in den Assessments erbrachten Leistungen nicht aus, kann der Kandidat das Verfahren beliebig oft wiederholen (vgl. Bünning/Hortsch/Novy 2000, S. 49). In einem landesweit gültigen Zertifikat werden entweder die jeweils erfolgreich absolvierten Units oder aber die gesamte Qualifikation von den Awarding Bodies bescheinigt. Die Erlangung der gesamten *NVQ* setzt den erfolgreichen Erwerb sämtlicher Units voraus (vgl. Ertl 2003, S. 374).

5.1.2 Grundlagen des APL-Verfahrens

Nachdem die grundlegenden Prinzipien des *NVQ-System*s dargestellt wurden, kann vor diesem Hintergrund eine nähere Betrachtung des *APL-Verfahrens* erfolgen.

Das *APL-Verfahren* bildet einen festen Bestandteil des *NVQ-System*s. Es „ermöglicht die Anerkennung früher erworbener beruflicher und theoretischer Kenntnisse sowie von Berufserfahrungen und Weiterbildungsergebnissen" (Cuddy/Leney 2005, S. 66), um sie für den Erwerb einer beruflichen Qualifikation (*NVQ*) anrechnen zu lassen. Insofern lässt sich dieser Ansatz „als eine 'Brücke' zwischen der nicht formellen Aneignung von Kenntnissen und dem formalen Bildungssystem auffassen" (Bjørnåvold 1997b, S. 64).

Der Integration des *APL-Verfahrens* in das *NVQ-System* lagen verschiedene Anliegen zugrunde: Kenntnisse und Fähigkeiten, die sich Menschen in ihrer Vergangenheit angeeignet hatten, sollten nun formal anerkannt werden können. Damit wurde eine Verkürzung der Ausbildungszeiten einerseits sowie eine Eröffnung neuer Beschäftigungsmöglichkeiten andererseits angestrebt. Schließlich sollte die Anerkennung von Vorleistungen dazu beitragen, die Zahl der Inhaber beruflicher Qualifikationen zu erhöhen (vgl. Bjørnåvold 2001, S. 112).

Zu den Adressaten des *APL-Verfahrens* zählen insbesondere Arbeitnehmer, die sich bereits in einem Beschäftigungsverhältnis befinden. Dieser Personengruppe soll eine berufliche Höherqualifizierung in sämtlichen Phasen ihres Arbeitslebens ermöglicht werden. Weiterhin soll ihnen durch die Anerkennung von Vorleistungen die Rückkehr ins Berufsleben (z.B. nach einer Familienpause) sowie die Möglichkeit einer beruflichen Umorientierung erleichtert werden. Dazu werden die zu früheren Zeitpunkten informell erworbenen Kompetenzen als Teil einer formalen Qualifikation zertifiziert, sodass diese nicht noch einmal auf formalem Wege nachgewiesen werden müssen (vgl. Ertl 2003, S. 379 f.).

Der Ablauf des *APL-Verfahrens* lässt sich in sechs aufeinander aufbauende Phasen untergliedern.[27]

Unter fachlicher Anleitung eines Beraters und mit Hilfe verschiedener Medien (Videos, schriftliche Materialien) erfolgt zunächst eine *Information* der *APL*-Interessenten über das Verfahren (vgl. Bjørnåvold 2001, S. 112). Da die Awarding Bodies für jede durchgeführte *NVQ*-Einheit vom Staat entlohnt werden, liegt es in ihrem eigenen Interesse, ei-

---

[27] Da die *QCA* nur grobe Strukturen vorgibt, ist der Verlauf des *APL-Verfahrens* hinsichtlich einzelner Wirtschaftssektoren und Regionen nicht immer einheitlich. Das folgende Ablaufschema beruht auf den Empfehlungen der *QCA* (vgl. Ertl 2003, S. 381).

ne möglichst breite Zielgruppe für das *APL-Verfahren* zu gewinnen. Eine potenzielle Zielgruppe stellen dabei insbesondere die so genannten bildungsfernen Arbeitnehmer dar. Für sie ist das *APL-Verfahren* eine Hilfe, um die Einstiegsbarrieren für den Erwerb einer *NVQ* durch die Anerkennung von Vorleistungen zu überwinden (vgl. Ertl 2003, S. 382).

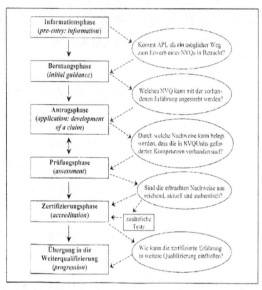

Die *Beratungsphase* sieht durch die Erstellung eines persönlichen Stärken- und Schwächen-Profils in einem ersten Schritt eine selbstreflexive Auseinandersetzung des Kandidaten mit seiner bisherigen Berufsbiografie vor. Von Bedeutung sind in diesem Zusammenhang vor allem Informationen bezüglich seines Fachwissens, seiner Allgemeinbildung, seiner berufsrelevanten Fähigkeiten sowie seiner Lernmotivation.

Darst. 9: Phasen und Kernfragen des APL-Verfahrens
(Quelle: Ertl 2003, S. 381)

Dieser Prozess der Selbstbeurteilung kann durch Fragebögen initiiert und durch spezielle *APL*-Berater unterstützt werden. Unter Anleitung eines Karriere- oder Berufsberaters erfolgt in einem zweiten Schritt eine Auswertung der Selbsteinschätzung. Auf der Basis der aus der Analyse gewonnenen Ergebnisse wird eine Entscheidung für oder gegen die Teilnahme am Verfahren getroffen. Erfahrungsgemäß entscheiden sich viele Kandidaten bereits nach dieser zweiten Phase gegen eine Teilnahme am *APL-Verfahren*.[28] Ist dies nicht der Fall, erfolgt die Auswahl einer *NVQ*, für die eine partielle oder vollständige Anrechnung von Vorkenntnissen vorgenommen werden soll (vgl. ebd., S. 382).

In der dritten Phase wird ein *APL-Antrag* gestellt, in dem nachgewiesen werden muss, dass der Antragsteller über die für eine Unit erforderlichen Kompetenzen verfügt. Dieser Nachweis kann zum Beispiel über Zeugnisse oder Bescheinigungen anderer Qualifikationen erbracht werden, was jedoch eine Ausnahme darstellt. Weitaus häufiger richtet sich die Antragstellung auf die Anerkennung informell erworbener Kompetenzen, die durch ein Portfolio belegt werden. In das Portfolio aufgenommen werden sowohl direk-

---

[28] Gründe für den Abbruch des Verfahrens nach der zweiten Phase ließen sich der Literatur nicht entnehmen.

te als auch indirekte Nachweise. Selbst entwickelte Arbeitsergebnisse (z.B. Werkstücke, Arbeits- und Geschäftsberichte, Berechnungen usw.), aber auch Lizenzen und Berechtigungen lassen sich den direkten Nachweisen zuordnen. Demgegenüber stellen Arbeitszeugnisse, Gutachten, Empfehlungsschreiben et cetera indirekte Nachweisformen dar, die sich dem Kandidaten nur mittelbar zurechnen lassen. Ob der Antrag auf die Anerkennung von Vorleistungen genehmigt oder abgelehnt wird, hängt jedoch nicht nur von den Leistungen des Antragstellers ab. Von Bedeutung sind weiterhin auch die Qualität der Beratung sowie die Transparenz des *APL-Verfahrens* und die Unterstützung des Kandidaten durch Vorgesetzte oder Kollegen, da die Mehrzahl der Kompetenznachweise im Arbeitsumfeld des Teilnehmers erstellt werden (vgl. ebd., S. 382 f.).

In der *Prüfungsphase* wird im Rahmen von Assessment-Centern begutachtet, inwieweit die eingereichten Kompetenznachweise den Kompetenzanforderungen der jeweiligen Units entsprechen. Inhaltlich richtet sich die Bewertung insbesondere auf die Aktualität, die Authentizität sowie auf den Umfang der Kompetenznachweise. Nur wenn die vom Kandidaten vorgelegten Belege den genannten Kriterien entsprechen und alle erforderlichen Kompetenzen abdecken, werden seine Vorleistungen als Teil einer formalen Qualifikation anerkannt und der Teilnehmer hat die Prüfung bestanden. Anderenfalls wird er in die Antragsphase zurückversetzt und muss weitere Nachweise erbringen. Es besteht jedoch auch die Möglichkeit, an weiteren Tests teilzunehmen, um die fehlenden Kompetenzelemente nachzuweisen. Diese Tests entsprechen den zuvor genannten Prüfungen des *NVQ-Systems* (Beobachtungen am Arbeitsplatz). Schließlich können die unzureichend belegten Kompetenzen auch durch mündlich und schriftlich zu bearbeitende Aufgaben, durch Interviews oder durch die Bewältigung praktischer Aufgaben nachgewiesen werden. In der Praxis erfolgt der Nachweis in der Regel durch eine Kombination von Portfolio-Ansätzen und ergänzenden Tests (vgl. ebd., S. 383).[29]

Der Erwerb der gesamten *NVQ* durch die Anerkennung von Vorleistungen ist jedoch nur selten möglich, da in der Regel nur einzelne Units *zertifiziert* werden.[30] Hieraus ergibt sich die Notwendigkeit einer Weiterqualifizierung des Kandidaten, die sich auf die Ergebnisse des in der Beratungsphase ermittelten Qualifizierungsbedarfs stützen kann (vgl. ebd., S. 384).

---

[29] Wie auch bei den herkömmlichen *NVQ*-Prüfungen wird die Zertifizierung von den Awarding Bodies vorgenommen. Weiterhin werden auch im Rahmen des *APL-Verfahrens* unabhängige Prüfer zur Sicherung der Zuverlässigkeit der Prüfungen eingesetzt (vgl. Ertl 2003, S. 384).
[30] Da Units die kleinste anrechenbare Einheit innerhalb des *NVQ*-Systems darstellen, ist auf der Ebene der Kompetenzelemente keine formale Anerkennung von Vorleistungen möglich (vgl. ebd., S. 380).

5.1.3 Resümee

Im Rahmen einer abschließenden Betrachtung des *APL-Verfahrens* kommt Ertl zu dem Schluss, dass es dem Verfahren nicht im vollen Umfang gelungen sei, sämtliche der eingangs formulierten Schwächen des Berufsbildungssystems auszugleichen, was er vor allem auf den als insgesamt gering einzuschätzenden Erfolg des *NVQ-Systems* zurückführt.

So konnte *APL* nicht hinreichend dazu beitragen, das *quantitative Potenzial*, nämlich die Erleichterung des Zugangs zu beruflichen Qualifikationen und damit eine Erhöhung der Bildungsbeteiligung, zu erreichen: Bis zum Ende der neunziger Jahre wurde nur ein Drittel der vergebenen beruflichen Qualifikationen innerhalb des *NVQ-Systems* erworben. Die Gründe dafür sind vielschichtig: Empirische Untersuchungen ergaben, dass viele Arbeitnehmer und Arbeitgeber *NVQs* entweder nicht kennen oder dass sie ihnen skeptisch gegenüberstehen. Berufliche Qualifikationen, die außerhalb des *NVQ-Systems* erworben wurden, nehmen vor allem in kleinen und mittleren Unternehmen einen höheren Stellenwert ein (vgl. ebd., S. 384 f.).

Dass die quantitativen Ziele von *NVQs* nicht erreicht wurden, hängt für Ertl weiterhin damit zusammen, dass sich das *APL-Verfahren* als zu aufwendig erwiesen hat. Einerseits sind die Vorschriften zur Anerkennung von Vorleistungen zu kompliziert. Andererseits ist die Durchführung des Verfahrens mit einem zu hohen Kostenaufwand verbunden, da aufgrund der geforderten Arbeitsplatznähe in der Regel zusätzliche Tests erforderlich sind (vgl. ebd., S. 385).

Die Realisierung des *systematisierenden Potenzials* des *APL-Verfahrens* (Implementierung systematischer Anrechnungsmöglichkeiten von Vorleistungen) scheint für Ertl in einem ersten Schritt gelungen zu sein. *APL* wird dem Anspruch gerecht, Vorkenntnisse von Erwerbstätigen systematisch zu erfassen, um diese auf Anrechnungsmöglichkeiten hin zu überprüfen (vgl. ebd., S. 384 f.). „Die positiven Effekte der Reflexion der eigenen Berufsbiographie, das Abwägen der eigenen beruflichen Stärken und Schwächen und die Gegenüberstellung von Selbst- und Fremdeinschätzung im Rahmen des APL-Verfahrens sind hoch einzuschätzen" (ebd., S. 385). Neben eines solchen individuellen Nutzens kann das *APL-Verfahren* auch der betrieblichen Personalentwicklung dienen, indem es zu einer besseren Beurteilung des Qualifikationspotenzials der Mitarbeiter beiträgt und damit eine systematischere Erfassung des Qualifikationsbedarfs ermöglicht (vgl. ebd., S. 385).

5. Stand der Anerkennung informell erworbener Kompetenzen in Europa

Es lassen sich jedoch zwei Faktoren anführen, die das Erreichen dieses systematisierenden Potenzials einschränken:

Zum einen steht es jedem Awarding Body offen, das Verfahren nach seinen eigenen Grundsätzen und Qualitätsstandards zu gestalten. Angesichts der hohen Zahl zugelassener Awarding Bodies (im Jahre 2002 waren es 98) ist die Vergleichbarkeit der Verfahren fraglich. Zudem werden in den *NVQ*-Zertifikaten konkrete Angaben zur Art der Prüfungen gemacht. Dies bedeutet, dass für Arbeitgeber ersichtlich ist, ob eine Anerkennung von Vorleistungen beim Erwerb einer *NVQ* eingeflossen ist oder nicht. Dieser Umstand könnte sich akzeptanzmindernd auswirken (vgl. ebd., S. 386), da *APL* oftmals als „Schnellverfahren" (Bjørnåvold 2001, S. 113) betrachtet wird, das den Weg zum Erwerb einer *NVQ* stark verkürzt.

Beeinträchtigt wurde die Erreichung des systematisierenden Potenzials zudem aufgrund des bereits angesprochenen hohen Aufwands, der mit dem *APL-Verfahren* verbunden ist. Da sich eine neue Überprüfung berufsrelevanter Kompetenzen unkomplizierter und kostengünstiger gestaltet als die Rekonstruktion früher erworbener Kenntnisse durch *APL*, wird den herkömmlichen *NVQ*-Prüfungen in der Praxis oftmals der Vorzug gegeben. Hinzu kommt, dass Erwerbslose von der Möglichkeit einer Anrechnung ihrer Vorleistungen aufgrund der arbeitsplatznahen Ausrichtung der Prüfungen des *APL-Verfahrens* ausgeschlossen werden (vgl. Ertl 2003., S. 386).

Schließlich konnte auch das *Kompetenzpotenzial*, nämlich die „Förderung der Anerkennung von in (…) informellen Kontexten erworbenen Kompetenzen" (ebd., S. 384) mithilfe des *APL-Verfahrens* nicht hinreichend ausgeschöpft werden. Für Ertl ist es fraglich, ob das *NVQ-System* und mit ihm das *APL-Verfahren* hinreichend dazu geeignet sind, die berufliche (Weiter-)Qualifizierung von Erwerbstätigen zu fördern. Schließlich verbringen die Kandidaten den weitaus größeren Teil ihrer Zeit (72%) mit der Sammlung entsprechender Nachweise, die ihre früher erworbenen Kompetenzen belegen. Angesichts dessen kommt die Aneignung neuer Kompetenzen eindeutig zu kurz. Insofern lässt sich das *NVQ-System* auch nicht als Qualifizierungs- oder Ausbildungssystem, sondern eher als Prüfungs- und Zertifizierungssystem betrachten. Der ergebnisorientierte Charakter des *NVQ-System*s, bei dem nicht die Lernprozesse, sondern die Lernergebnisse relevant sind, belegt diesen Umstand. Für Ertl kann das *APL-Verfahren* einer Erweiterung des Kompetenzspektrums sogar hinderlich sein, da Interessenten durch die mögliche Anerkennung von Vorleistungen Anreize zur Aneignung neuer Kompetenzen fehlen (vgl. ebd., S. 386 f.).

Hinsichtlich der Eignung von *APL* zur Anerkennung informell erworbener Kompetenzen zieht Ertl zusammenfassend ein ernüchterndes Fazit: Aufgrund der zuvor genannten Schwächen „bleibt festzuhalten, dass APL am grundsätzlich niedrigem Stellenwert von informell (...) erworbenen Kompetenzen im englischen Berufsbildungssystem nichts ändern konnte" (ebd., S. 387). Hervorheben lässt sich jedoch, dass zahlreiche Länder ihren Blick auf das britische *NVQ-System* gerichtet haben – sei es, um Elemente dieses Systems in die Entwicklung eigener Verfahren zu übernehmen, oder aber um aus den Schwächen dieses Systems zu lernen (vgl. Bjørnåvold 2001, S. 110).

5.2 Frankreich

Im Vergleich zu vielen anderen Ländern verfügt Frankreich über die meisten Erfahrungen hinsichtlich der Identifizierung, Bewertung und Anerkennung informell erworbener Kompetenzen (vgl. Bjørnåvold 2001, S. 127). Dort existieren gesetzlich verankerte Verfahren, die eine Erfassung beruflich und außerberuflich erworbener Kompetenzen ermöglichen und formal absichern.

5.2.1 Das Verfahren der „bilans de compétences"

Im Jahre 1985 wurde in Frankreich das Gesetz über die „*bilans de compétence*s" erlassen, das eine Erfassung und Dokumentation informell erworbener beruflicher und persönlicher Kompetenzen vorsieht. Ein weiteres Gesetz aus dem Jahre 1991 eröffnet jedem Arbeitnehmer einen Anspruch auf Bilanzierungsurlaub für die Dauer der Durchführung einer *bilan de compétences* (vgl. ebd., S. 129), um ihm dadurch eine Hilfestellung für berufliche Entwicklungen, Umorientierungen, Weiterbildungen und Wiedereingliederungen in den Arbeitsmarkt zu bieten (vgl. Gutschow 2003, S. 128 f; Bjørnåvold 2001, S. 129; Frank 2003, S. 191). Jeder Arbeitnehmer, Selbstständige und Arbeitsuchende hat demnach unter bestimmten Voraussetzungen das Recht, eine Bilanzierung seiner berufsrelevanten Kompetenzen vornehmen zu lassen (vgl. Thömmes 2003, S. 550). Während das Verfahren der *bilans de compétences* ursprünglich auf die Zielgruppe der Erwerbstätigen ausgerichtet war, zeigt die Praxis, dass dieses Verfahren überwiegend (75%) von Arbeitslosen beziehungsweise von den durch Arbeitslosigkeit Bedrohten in Anspruch genommen wird (vgl. Thömmes/Kop 2000, S. 209). Dementsprechend sieht auch Dohmen ein Ziel der *bilans de compétences* darin, „in besonderem Maße der Klärung und Entwicklung der oft unbewussten Kompetenzen von Arbeitern ohne vorzeigbare Schul- und Ausbildungszeugnisse" (Dohmen 2001, S. 114) zu dienen.

5.2.1.1 Ablauf

Die Erstellung der Kompetenzbilanz erfolgt zu unterschiedlichen Zeitpunkten und umfasst im Wesentlichen drei Phasen:

Das Ziel der *Vorphase* besteht darin, in einem Gespräch zunächst die Interessen des Antragstellers zu erörtern. Weiterhin werden der Ablauf und die dem Verfahren zugrunde liegenden Methoden vorgestellt (vgl. Bjørnåvold 2001, S. 130). Es wird geklärt, ob eine Analyse der Kompetenzen einerseits oder die Erstellung eines individuellen Karriereplans andererseits im Vordergrund der Bilanzierung stehen sollen (vgl. Frank 2003, S. 192). Die Auseinandersetzung mit den individuellen Bedürfnissen des Beschäftigten ist insofern wichtig, als diese das weitere Vorgehen beeinflussen. Soll das Verfahren Hilfestellung im Hinblick auf eine berufliche Neuorientierung oder Wiedereingliederung bieten, verlangt dies die Erfassung eines breiten Kompetenzspektrums, während ein angestrebter innerbetrieblicher Aufstieg die Identifizierung spezifischer Kompetenzen erfordert (vgl. Hofer 2004, S. 49).

In der *Durchführungsphase* erfolgt eine Erfassung und Bewertung der persönlichen und beruflichen Interessen, Kompetenzen und Fähigkeiten sowie gegebenenfalls der Allgemeinbildung. Weiterhin werden berufliche Entwicklungsmöglichkeiten aufgezeigt (vgl. Gutschow 2003, S. 129; Frank 2003, S. 192). Die Durchführungsphase, von Hofer „Untersuchungsphase" genannt, wird von ihm in vier diagnostische Abschnitte unterteilt. Je nach Zielsetzung kann die zeitliche Abfolge der einzelnen Phasen geändert werden oder es können einzelne Phasen ausgelassen werden. Die Untersuchung beginnt mit einem explorativen Interview, das Aufschluss über die berufliche Lage des Antragsstellers, seine Stärken und Schwächen und seine bisherige Berufsbiografie geben soll. In der zweiten Phase wird der Teilnehmer auf der Grundlage der Erkenntnisse aus der vorherigen Phase über seine beruflichen Weiterbildungsmöglichkeiten oder über neue Tätigkeitsfelder informiert. In der dritten Phase werden psychometrische Tests eingesetzt, um fundierte Informationen bezüglich des Wissens und der Fähigkeiten des Teilnehmers zu erlangen und um mögliche Entwicklungspotenziale aufzudecken. In der vierten Phase sollen weitere Testverfahren Auskünfte über Motive sowie über persönliche und berufliche Interessen des Antragstellers geben (vgl. Hofer 2004, S. 49 f.). Das zentrale Anliegen der Durchführungsphase ist somit „die Rekonstruktion des beruflichen und außerberuflichen Werdegangs der betreffenden Person, um herauszufinden, ob es einen 'roten Faden' von Kompetenzen gibt, an den sie [die Bilanzierungseinrichtung, Anm. d. Verf.] anknüpfen könnte" (Bjørnåvold 2001, S. 131).

In der *Abschlussphase* werden die Ergebnisse der Durchführungsphase ausgewertet und der betroffenen Person präsentiert. Auf der Basis der sichtbar gewordenen Stärken und Schwächen werden Wege und Möglichkeiten für Maßnahmen vorgestellt, die zur Realisierung der angestrebten Ziele führen sollen (vgl. Gutschow 2003, S. 129; Frank 2003, S. 192). Diese Ergebnisse und Empfehlungen werden dem Betroffenen in einem Synthesedokument ausgehändigt. In einem so genannten „follow up" erfolgt sechs Monate später eine Art Bestandsaufnahme, in der überprüft wird, inwieweit die Empfehlungen des Synthesedokumentes umgesetzt werden konnten (vgl. Hofer 2004, S. 50).

Ob und an wen der Inhalt dieses Dokumentes weitergegeben wird, liegt einzig und allein im Entscheidungsbereich der bilanzierten Person. Auch wenn der Arbeitgeber die Bilanzierung initiiert hat, hat er keinen Anspruch auf eine Offenlegung der Ergebnisse. Eine Archivierung oder Weitergabe der Informationen ist den Bilanzierungseinrichtungen rechtlich untersagt, Zuwiderhandlungen werden mit Bußgeldern oder Gefängnisstrafen geahndet (vgl. Thömmes/Kop 2000, S. 208).

5.2.1.2 Regularien

Die Teilnahme an der Erstellung einer Kompetenzbilanz ist freiwillig und kann entweder auf Initiative des Betriebs oder auf Initiative des Arbeitnehmers erfolgen. Sofern der Arbeitgeber eine Bilanzierung der Kompetenzen anregt, ist dazu die Einwilligung der zu bilanzierenden Person erforderlich (vgl. Gutschow 2003, S. 129).

Wenn die Initiative zur Bilanzierung vom Arbeitgeber ausgeht, wird ein Vertrag zwischen dem Arbeitgeber, dem Arbeitnehmer und der Bilanzierungseinrichtung geschlossen, in dem die Rahmenbedingungen und die Zielsetzungen der Bilanzierung sowie die Verwendung der in der Bilanzierung gewonnenen Ergebnisse geregelt sind. Unter der Voraussetzung, dass die Bilanzierung entsprechend der gesetzlichen Rahmenbedingungen durchgeführt wird, erfolgt die Finanzierung über den gesetzlich vorgeschriebenen Bildungsplan. Die entstehenden Kosten können mit den Pflichtabgaben des Betriebs für die Weiterbildung verrechnet werden. Initiiert der Arbeitnehmer eine *bilan* im Rahmen des Bilanzierungsurlaubs, wird ein Vertrag zwischen dem Beschäftigten, der Bilanzierungseinrichtung und dem Weiterbildungsfond geschlossen, der auch die Finanzierung übernimmt. Bei Arbeitlosen werden die Kosten von der Arbeitsverwaltung getragen, sofern diese der Auftraggeber ist. Bei einer vom Arbeitslosen selbst initiierten *bilan* muss dieser die Kosten unter Umständen selbst tragen (vgl. Drexel 1997, S. 205 f.; Gutschow 2003, S. 129 f.).

Mit dem eingangs angesprochenen Gesetz vom Dezember 1991 hat jeder Arbeitnehmer Anspruch auf einen Bilanzierungsurlaub für die Dauer der Durchführung. Um eine Freistellung von 24 Stunden beziehungsweise drei Arbeitstagen zu erhalten, muss der Arbeitnehmer eine Berufstätigkeit von mindestens fünf Jahren vorweisen können. Voraussetzung ist, dass er dem derzeitigen Unternehmen bereits seit zwölf Monaten angehört. Nach fünf Jahren kann ein erneuter Antrag zur Kompetenzbilanzierung gestellt werden. Für Beschäftigte in Kleinbetrieben sowie für Arbeitnehmer, die diese Bedingungen nicht erfüllen (da sie sich z.B. in einem befristeten Arbeitsverhältnis befinden oder in einer Zeitarbeitsfirma tätig sind), existieren Sonderregelungen (vgl. Gutschow 2003, S. 130; Drexel 1997, S. 205). Bei Jugendlichen ist der zeitliche Umfang des Bilanzierungsurlaubs auf 16 Stunden begrenzt (vgl. Drexel 1997, S. 204), ebenso bei Arbeitslosen (vgl. Gutschow 2003, S. 131).

Seit dem Jahre 1995 ist es möglich, sich einer Kompetenzbilanzierung außerhalb der Arbeitszeiten und somit ohne Wissen des Arbeitgebers zu unterziehen. Die Kosten für die Bilanzierung werden in diesem Fall von einem Weiterbildungsfond getragen (vgl. ebd., S. 130). Dieser Regelung kommt eine entscheidende Bedeutung zu: Viele Betriebe stehen der Beantragung einer *bilan* nämlich misstrauisch gegenüber, da sie darin mögliche Abwanderungsabsichten ihrer Mitarbeiter sehen. Infolgedessen wurde die Möglichkeit einer Kompetenzbilanzierung mit betrieblicher Freistellung von den Beschäftigten nur zögerlich in Anspruch genommen (vgl. Frank 2003, S. 193; Drexel 1997, S. 211).

Die Durchführung der Kompetenzbilanzierung erfolgt in speziellen Einrichtungen, den so genannten „*Centres de bilan de compétences*". Über die Anzahl derartiger Bilanzierungszentren gibt es unterschiedliche Angaben: Während Hofer von 112 Einrichtungen spricht (vgl. Hofer 2004, S. 47), führt Bjørnåvold mehr als 700 Organisationen an (vgl. Bjørnåvold 2001, S. 130), Gutschow nennt 921 Einrichtungen für das Jahr 2000 (vgl. Gutschow 2003, S. 130, Fn. 5) und Drexel berichtet sogar von ca. 1.000 Institutionen (vgl. Drexel 1997, S. 225).[31] Bei den Bilanzierungszentren handelt es sich um gemein-

---

[31] Möglicherweise beruhen die verschiedenen Angaben auf unterschiedlichen Erhebungszeiträumen. Den Aussagen der Autoren konnte, soweit nicht anders angeführt, nicht entnommen werden, auf welches Jahr sie sich bei ihren Ausführungen beziehen. Vorstellbar ist auch, dass in diese Auflistung auch solche Institutionen aufgenommen wurden, die die *bilans de compétences* nicht nach den gesetzlichen Regelungen von 1991 durchführen. Somit sind keine Rückschlüsse auf die zahlenmäßige Entwicklung entsprechender Einrichtungen zu treffen.

nützige Vereine sowie um private oder öffentliche Einrichtungen, die in der Regel auch in der Weiterbildung oder im Personalwesen tätig sind (vgl. Gutschow 2003, S. 130).

5.2.1.3 Methoden

Die *bilans de compétences* verfolgen einen multimodalen Ansatz. Die gesetzlichen Rahmenbedingungen für die *bilans* sind sehr weit gefasst und legen lediglich fest, „daß die angewandten Verfahren wissenschaftlich fundiert und validiert sein müssen und der inhaltliche Zusammenhang zum obersten Ziel jedes 'bilan de compétences' (…) beim Einsatz jedes einzelnen Bausteins klar erkennbar sein muß" (Thömmes/Kop 2000, S. 206). Sofern die gesetzlich verankerten Grundsätze eingehalten werden, steht es jeder Bilanzierungseinrichtung grundsätzlich frei, welche Methoden sie im Rahmen der Kompetenzbilanzierung einsetzt (vgl. ebd., S. 207). Angesichts der großen Vielzahl der Bilanzierungseinrichtungen kommen somit viele verschiedene Verfahren zum Einsatz.

Trotz dieser Heterogenität der angewendeten Methoden bilden Gespräche einen wesentlichen Bestandteil des Verfahrens. In der Regel werden auch Fähigkeits- und Persönlichkeitstests eingesetzt. Weiterhin setzt sich die Kompetenzbilanzierung aus schriftlichen und praktischen Arbeitsproben sowie aus Simulationen und Arbeitsbeschreibungen zusammen. Diese bilden die Grundlage für die Erstellung eines Portfolios, anhand dessen die ermittelten Kompetenzen dokumentiert werden (vgl. Frank 2003, S. 192 f.).

5.2.1.4 Kritische Stellungnahme

Nach Bjørnåvold ist die Bedeutung der *bilans de compétences* nur schwer zu beurteilen. Schließlich gibt es keine Institutionen, die ihren Erfolg beziehungsweise ihren Misserfolg erfassen (vgl. Bjørnåvold 2001, S. 132). Fakt ist jedoch, dass die Inanspruchnahme dieses Verfahrens hinter den Erwartungen zurückblieb und dass die Teilnehmerzahlen von Jahr zu Jahr gesunken sind. Während im Jahre 1994 noch 125.000 Teilnehmer gezählt wurden (vgl. ebd., S. 130, Fn. 21; Bjørnåvold 2002, S. 30), waren es 109.000 im Jahre 1995 (vgl. Drexel 1997, S. 206) und im Jahre 1997 schließlich nur noch 50.000 (vgl. Hofer 2004, S. 47).

Für die geringe Akzeptanz des Verfahrens lassen sich verschiedene Gründe anführen:

- Die Empfehlungen in Form des Synthesedokumentes sind für die bilanzierten Personen lediglich bedingt verwertbar, da sie in der Regel nur sehr allgemeine Aussagen enthalten. Konkrete Schritte zur Realisierung der beruflichen Pläne werden nur unzureichend beschrieben. Die formative Funktion der *bilans de compétences*, nämlich die Planung der Berufslaufbahn zu unterstützen, kommt somit in dem Verfahren zu kurz (vgl. Bjørnåvold 2001, S. 133).

- Ein weiterer Grund liegt darin, dass einige Beschäftigte fürchten, ihr Arbeitgeber könnte ihnen Abwanderungsabsichten aus dem Unternehmen unterstellen oder er könnte gegen ihren Willen eine Einsicht in die Ergebnisse fordern (vgl. Drexel 1997, S. 211).[32]

- Eine andere Sorge der Arbeitnehmer ist die, dass schlechte Ergebnisse bei der Kompetenzbilanzierung vom Arbeitgeber als Legitimationsgrundlage für Entlassungen eingesetzt werden könnten (vgl. ebd., S. 222; Frank 2003, S. 193).

- Wenn die Bilanzierung Arbeitssuchender ohne einen direkten Bezug zu einem potenziellen Arbeitgeber erfolgt, ist es fraglich, ob die aus ihr gewonnen Informationen bei einem zukünftigen Einstellungsverfahren überhaupt einen Einfluss haben (vgl. Hofer 2004, S. 51).

- Des Weiteren werden oftmals auch die Beurteilungen der berufsrelevanten Kompetenzen in Frage gestellt, wenn sie nämlich von Psychologen vorgenommen werden, die oftmals nur über unzureichende Kenntnisse bezüglich der verschiedenen Berufsfelder und deren betrieblichen Anforderungen verfügen (vgl. Frank 2003, S. 193).

- Zudem ist der Informationsgehalt der Synthesedokumente für die Betriebe, die die Kompetenzbilanzierung initiiert haben, strittig. Da die Bilanzierung in erster Linie auf die Bedürfnisse des Arbeitnehmers ausgerichtet ist, ist die Schwerpunktsetzung des Antragstellers unter Umständen eine andere als die des Betriebes. Somit ist es möglich, dass die Informationen des Gutachtens zwar ein breites Spektrum an Kompetenzen sichtbar machen, diese aber nicht die gesuchten Informationen enthalten, die Personalverantwortliche für ihre Entscheidungssicherheit benötigen (vgl. Hofer 2004, S. 51). Diese Tatsache trägt dazu bei, dass Betriebe bei Personalentscheidungen eher interne Bewertungsverfahren (z.B. Assessment-Center-Verfahren) vorziehen, da sie diese auf ihre individuellen Ansprüche zuschneiden können. Hinzu kommt, dass die Unternehmen keinen rechtlichen Anspruch auf eine Offenlegung der Ergebnisse haben, da die Be-

---

[32] Da das Verfahren der *bilans de compétences* seit dem Jahre 1995 auch ohne Wissen des Arbeitgebers durchgeführt werden kann, dürften die genannten Aspekte die geringe Inanspruchnahme nicht ausschließlich rechtfertigen. Andererseits können die Ergebnisse innerbetrieblich (z.B. im Rahmen von Gehaltsverhandlungen) nicht verwertet werden, wenn sie dem Arbeitgeber vorenthalten werden.

schäftigten die gesetzlichen Antragsteller der *bilan*s sind und somit die rechtlichen Eigentümer des Synthesedokumentes.

Trotz der aufgeführten Kritikpunkte kommt Hofer insgesamt zu einer positiven Bewertung dieses Verfahrens, weil es seiner Meinung nach in keinem anderen Land ein Verfahren gibt, dass derart strukturiert ist und so vielfältige Möglichkeiten zur Bilanzierung informell erworbener Kompetenzen ermöglicht. Dennoch räumt auch er ein, dass inhaltliche und strukturelle Probleme die Akzeptanz der *bilans de compétences* geschmälert haben (vgl. ebd., S. 51). Trotz seiner Schwächen stellt dieses Verfahren auch für Bjørnåvold ein in hohem Maße funktionierendes System zur Sichtbarmachung von Kompetenzen dar (vgl. Bjørnåvold 2001, S. 133).

5.2.2 Die Verfahren der VAP und der VAE zur Validierung von Kompetenzen

Während die *bilans de compétences* eine Bilanzierung von Kompetenzen vorsehen und somit auf einer rein formativen Basis arbeiten, existieren in Frankreich zudem andere Verfahren, die beruflich und außerberuflich erworbene Kompetenzen nicht nur *bilanzieren*, sondern auch *validieren*[33] und somit ihre Gleichwertigkeit zu den im formalen Berufsbildungssystem erworbenen Kompetenzen anerkennen. Im Folgenden werden zwei Verfahren vorgestellt, die eine explizite Anerkennung informell erworbener Kompetenzen auf der Grundlage von ordnungspolitischen Vorgaben vorsehen.

> „Der wesentliche Unterschied zu den klassischen Zertifizierungen, die als Diplome fungieren und als Endresultat eines Ausbildungsweges anzusehen sind, besteht darin, dass der individuelle berufliche Werdegang als Kriterium herangezogen wird und nicht mehr exklusiv objektive Prüfungskriterien" (Ant 2001, S. 70).

5.2.2.1 VAP – validation des acquis professionnels

Im Jahre 1992 wurde in Frankreich das Gesetz zur *Validierung beruflicher Kompetenzen* („*Validation des acquis professionnels – VAP*") erlassen. Dieses Verfahren ermöglicht es Betroffenen auf der Grundlage von Kompetenzen, die sie durch Berufserfahrung erworben haben, einen Abschluss der beruflichen Bildung (Diplôme) zu erlangen.[34] Durch die Anerkennung beruflich erworbener Kompetenzen kann die Ausbildungszeit zum Er-

---

[33] In Frankreich bezieht sich der Begriff der „validation" auf offiziell erteilte „Stempel" und Genehmigungen (vgl. Bjørnåvold 1997a, S. 59).
[34] In diesem Zusammenhang ist anzuführen, das bereits ein Dekret aus dem Jahr 1985 („*Validation des acquis*") Berufserfahrenen den Zugang zum Hochschulstudium eröffnete, ohne dass diese einen formalen Abschluss vorweisen konnten, der zum Studium berechtigte (vgl. Labruyère 2004, S. 2, 6).

werb eines Diploms verkürzt werden, indem dem Interessenten einzelne Teilprüfungen erlassen werden. Der vollständige Erwerb einer beruflichen Qualifikation ist im Rahmen dieses Verfahrens jedoch nicht möglich. Mindestens ein Ausbildungsmodul muss auf formalem Wege im Rahmen einer Prüfung absolviert werden. Insofern erfüllt die *VAP* eine eindeutig summative Funktion (vgl. Labruyère 2004, S. 3).

Die Teilnahme an diesem Verfahren setzt voraus, dass der Antragsteller eine Berufstätigkeit von mindestens fünf Jahren nachweisen kann, die sich konsequenterweise auf die angestrebte Qualifikation beziehen muss. Weiterhin darf die Aneignung der im Arbeitsprozess erworbenen Kenntnisse und Kompetenzen zeitlich nicht zu weit zurückliegen. Der Nachweis von Kompetenzen erfolgt sodann über die Anfertigung eines Dossiers, das eine detaillierte Beschreibung und Analyse der Arbeitsinhalte, der Arbeitsstelle sowie der organisatorischen Rahmenbedingungen enthält. Ergänzend können Fotos, Zeichnungen und Arbeitsproben eingereicht werden (vgl. Reitnauer 2001, S. 740).

5.2.2.2 VAE – validation des acquis de l'expérience

Im Jahre 2002 wurde das Gesetz zur *Validierung beruflicher Kompetenzen* (*VAP*) reformiert und durch das der *Validierung beruflich und außerberuflich erworbener Kompetenzen* („*Validation des acquis de l'expérience – VAE*") ersetzt. Durch dieses neue Gesetz wurde der Geltungsbereich des bisherigen Verfahrens nicht nur ausgeweitet, sondern es erfolgte zudem auch eine Vereinfachung der qualifizierenden Anerkennung beruflich und außerberuflich erworbener Kompetenzen (vgl. Reitnauer 2004, S. 132).

Die Neuerungen des Gesetzes betreffen im Wesentlichen die folgenden Aspekte:

- Mit dem neuen Gesetz erfolgt eine Ausweitung auf nunmehr alle Berufsabschlüsse und auf das Hochschulwesen. Während im Nachweisverfahren der *VAP* lediglich Diplome des Ministeriums für Bildung erworben werden konnten, ist nun beispielsweise eine Wahl zwischen den Diplomen des Ministeriums für Bildung und den Diplomen des Ministeriums für Arbeit möglich (vgl. Labruyère 2004, S. 9).
- Im Unterschied zur *VAP* werden bei der *VAE* nicht mehr nur berufsbezogene, sondern ebenso persönliche und außerberufliche Erfahrungen beim Erwerb von beruflichen Qualifikationen berücksichtigt. Diese können zum Beispiel im Rahmen von ehrenamtlichem, politischem oder gewerkschaftlichem Engagement erworben worden sein (vgl. Triby 2005, S. 50; Reitnauer 2004, S. 133). Ein Bei-

spiel soll diesen Sachverhalt verdeutlichen: Personen, die ein Diplom im Bereich Management anstreben, können durch den Nachweis entsprechender Managementkompetenzen, die sie zum Beispiel durch eine Vorstandstätigkeit in einem ehrenamtlichen Verein erworben haben, eine Befreiung von bestimmten Ausbildungsmodulen beantragen (vgl. Labruyère 2004, S. 9).

- Die Neuerungen des Gesetzes betreffen zudem eine Verkürzung der geforderten Mindestdauer der Berufserfahrung. Während die *VAP* eine berufliche Tätigkeit von fünf Jahren voraussetzte, umfasst die vorgeschriebene Berufserfahrung der *VAE* nur noch drei Jahre (vgl. ebd., S. 9; Reitnauer 2004, S. 133).

- Die wichtigste Änderung des Gesetzes besteht aber darin, dass nunmehr die *gesamte* berufliche Qualifikation, das heißt *alle* Ausbildungsmodule über die Anrechnung beruflich und außerberuflich erworbener Kompetenzen anerkannt werden können. Das bisherige Verfahren der *VAP* sah lediglich den Erlass einzelner Teilprüfungen vor (vgl. Reitnauer 2004, S. 133).

Weist der Kandidat alle erforderlichen Kompetenznachweise vor, so kann er bei den verschiedenen Bildungsinstitutionen (Schulen, Hochschulen, Universitäten etc.) einen Antrag auf die Erteilung eines Diploms stellen. Da allerdings nur solche Diplome durch die Validierung informell erworbener Kompetenzen erlangt werden konnten, die in einem nationalen Verzeichnis der Berufsbescheinigungen („Répertoire national des certifications professionnelles – RNCP") aufgeführt waren, sollte dieses Verzeichnis ab dem Jahre 2005 auf alle weiteren Diplome ausgeweitet werden, die in Frankreich erreicht werden können (vgl. Ant/Perez 2005, S. 30).[35]

Ausgestellt werden diese Diplome vor allem vom Ministerium für Bildung und Erziehung, vom Arbeitsministerium[36] sowie von den Universitäten, da auch Hochschuldiplome durch die Validierung von Kompetenzen erworben werden können. Ebenso können viele andere Institutionen (z.B. Branchen mit branchenspezifischen Zertifikaten, Ingenieursschulen) Diplome ausstellen, wobei sämtliche Einrichtungen über eigenständige Validierungsverfahren verfügen (vgl. Reitnauer 2004, S. 133).

Zur Validierung seiner Kompetenzen hat der Kandidat die Möglichkeit, ein Dossier vorzulegen, das Angaben über seine beruflichen Tätigkeiten und Kompetenzen enthält. Weitaus häufiger jedoch erfolgt die Validierung durch die Simulation realer Arbeitssitua-

---

[35] Ob dieses Ziel tatsächlich erreicht wurde, ließ sich der vorliegenden Literatur nicht entnehmen.
[36] Möglichkeiten der Zertifizierung bestehen weiterhin bei den Ministerien für Jugend, Sport, Gesundheit und Landwirtschaft (vgl. Reitnauer 2004, S. 133).

tionen. Ergänzend können Prüfungsgespräche mit dem Kandidaten abgehalten werden (vgl. Ant/Perez 2005, S. 30 f.). Im Rahmen dieser Gespräche prüft die Kommission unter anderem, ob die beschriebenen Arbeitssituationen auch tatsächlich der Berufspraxis des Antragstellers entsprechen und nicht etwa fiktive Situationen darstellen (vgl. Labruyère 2004, S. 11). Für die Prüfungskommissionen ist dabei nicht nur das erworbene Fachwissen relevant, sondern bedeutsam ist auch, wie der Lernprozess des Kandidaten verlaufen ist (vgl. Ant/Perez 2005, S. 30). Um festzustellen, ob der Bewerber über die geforderten Kompetenzen verfügt, existieren für jeden Berufzweig Referenzdokumente („Réferentielles"), die die Prüfungsinhalte und die Prüfungsbedingungen erläutern. Diese beruhen auf den entsprechenden Berufsbildern mit ihren charakteristischen Arbeitsinhalten und speziellen Referenzlisten, in denen die zu validierenden Kompetenzen genau definiert sind (vgl. Reitnauer 2004, S. 134).

Grundsätzlich bestehen zwei Möglichkeiten der Validierung: Entweder erkennt der Prüfungsausschuss sämtliche Ausbildungsmodule und somit die Vergabe des vollständigen Diploms an oder es erfolgt eine Anrechnung lediglich einzelner Einheiten. In diesem Fall besteht für den Teilnehmer innerhalb von fünf Jahren die Möglichkeit, den Erwerb der fehlenden Kompetenzen nachzuholen. Dazu stehen ihm verschiedene Wege offen: Bei Erwerbstätigen kann die Erweiterung ihres Kompetenzspektrums zum Beispiel durch die Versetzung an einen anderen Arbeitsplatz innerhalb des Unternehmens erfolgen; Arbeitslose haben die Möglichkeit, durch Betriebspraktika die für das Diplom erforderlichen Kompetenzen zu erwerben. Ausbildungsmodule, die nicht anerkannt werden, können zudem im Rahmen des formalen Bildungssystems nachgeholt werden (vgl. Labruyère 2004, S. 10 f.).

5.2.2.3 Ausblick

Die beiden Verfahren der *Validation des acquis professionnels* (*VAP*) und der *Validation des acquis de l'expérience* (*VAE*) bilden mit der gesetzlich verankerten Gleichstellung von formalem und informellem Lernen einen wesentlichen Beitrag zum lebenslangen Lernen aller.

Im Unterschied zur *Validierung beruflich erworbener Kompetenzen* (*VAP*) liegen über die *Validierung beruflich und außerberuflich erworbener Kompetenzen* (*VAE*) noch keine aussagekräftigen Ergebnisse vor (vgl. Triby 2005, S. 52). Für das Verfahren der *VAP*, bei dem die Kandidaten kein vollständiges Diplom, sondern nur einzelne Module anerkannt bekamen, zieht Labruyère eine enttäuschende Bilanz: Von 150.000 erwachsenen Teilnehmern in der Weiterbildung erwarben nur 4.600 Kandidaten einen Teil des Berufsdiploms. Im Bereich der Hochschulabschlüsse haben von 100.000 Erwachsenen in der Weiterbildung nur ca. 2.000 Teilnehmer einzelne Einheiten des Hochschulabschlusses erlangt (vgl. Labruyère 2004, S. 5). Dennoch war das Verfahren der *VAP* in Frankreich eine „bildungspolitische Revolution" (Reitnauer 2004, S. 132), das die Grundlage für das im Jahre 2002 eingeführte reformierte und erweiterte Verfahren der *VAE* bildete.

Die wesentliche Verbesserung dieses neuen Verfahrens der *VAE* liegt darin, dass „das Erfahrungslernen als nun vollständig gleichwertige Komponente im Bildungssystem" (ebd., S. 132) anerkannt wird.

Das französische Bildungsministeriums sieht in der Validierung beruflich und außerberuflich erworbener Kompetenzen durch das Verfahren der *VAE* folgende Vorteile:

In erster Linie ermöglicht das Anerkennungsverfahren den *Antragstellern* den Erwerb beruflicher Qualifikationen und zwar unabhängig von formal erbrachten Leistungen. Diese Art der Qualifizierung bedeutet für die betroffene Personengruppe nicht nur eine Verkürzung der Bildungszeit, geringere Bildungskosten sowie soziale und berufliche Anerkennung, sondern zudem bessere Chancen auf dem Arbeitsmarkt und die Möglichkeit zur Einstufung in höhere Lohn- und Gehaltsgefüge. Vorteile für *Bildungsträger* bestehen darin, dass neue Zielgruppen angesprochen werden und dass eine bessere Verbindung zwischen dem formalen Bildungssystem und den Entwicklungen der Arbeitswelt hergestellt wird. Weiterhin erfolgt mit diesem Verfahren ein entscheidender Schritt in die Richtung des lebenslangen Lernens und eine stärkere Berücksichtigung individueller Bedürfnisse. Für *Unternehmen* besteht der Nutzen ebenso in kürzeren Bildungszeiten. Weiterhin trägt die *VAE* zu einer Erhöhung des Qualifikationsniveaus der Mitarbeiter und somit des ganzen Unternehmens bei. Auch kann dieses Verfahren im Rahmen der Personalentwicklung Verwendung finden (vgl. ebd., S. 134 f.).

Insgesamt hat sich gezeigt, dass durch eine intensive Öffentlichkeitsarbeit über das neue Gesetz der *VAE* die Nachfrage nach einer Validierung von beruflich und außerberuflich erworbenen Kompetenzen sehr stark angestiegen ist. Mit dem Erfolg des Verfahrens gehen jedoch auch neue Herausforderungen einher. Ein Teil dieser Herausforderungen liegt im organisatorischen Bereich. Es stellte sich heraus, dass zur Bewältigung der gestiegenen Nachfrage eine Verkürzung der Bearbeitungszeiten sowie eine Erhöhung der Anzahl der Auswahlgremien erforderlich sind. Ein weiterer Problembereich eröffnet sich dadurch, dass die durch eine Validierung der Kompetenzen erworbenen Diplome denen gleichgestellt sind, die auf dem formalen Bildungsweg erworben wurden. Um die Akzeptanz und die Gleichwertigkeit dieser Diplome in der Gesellschaft zu erreichen, ist es erforderlich, die Anforderungen, Verfahren und Bewertungsmethoden stärker zu vereinheitlichen. Eine Herausforderung liegt auch im finanziellen Bereich: Viele Beschäftigte werden bei der Validierung ihrer Kompetenzen von ihren Arbeitgebern sowohl personell als auch finanziell unterstützt. Es muss jedoch sichergestellt werden, dass auch Personenkreise mit geringen finanziellen Mitteln, die eine Validierung auf privater Initiative anstreben, nicht benachteiligt sind (vgl. Labruyère 2004, S. 12), denn eine derartige Validierungsprozedur kann bis zu 1.000 Euro kosten (vgl. Ant/Perez 2005, S. 30). Daraus folgt, dass der Staat ausreichende finanzielle Mittel zur Verfügung stellen muss (vgl. Labruyère 2004, S. 12).

5.3 Finnland: Das kompetenzbasierte Qualifikationssystem

Das finnische System der *„kompetenzbasierten Qualifikationen"* (*„Competence Based Qualifications – CBQ"*) eröffnet jedem Erwachsenen die Möglichkeit zur Teilnahme an den beruflichen Abschlussprüfungen und zwar unabhängig davon, auf welchem Wege er die berufsrelevanten Fähigkeiten erworben hat. Die erfolgreiche Teilnahme an einer derartigen Prüfung führt zum Erwerb einer offiziell anerkannten Qualifikation beziehungsweise zu einem offiziell anerkannten Berufsabschluss (vgl. Yrjölä 2003, S. 49). Die rechtlichen Grundlagen für das *kompetenzbasierte Qualifikationssystem* wurden 1994 im Gesetz über Berufsqualifikationen festgelegt. Im Jahre 1998 wurde dieses Gesetz geringfügig geändert und floss in das neue Gesetz über berufliche Erwachsenenbildung ein (vgl. Seusing/Back 2003, S. 7), das sowohl formal als auch informell erworbene berufsrelevante Kompetenzen anerkennt.

5.3.1 Entstehungshintergrund

Ausgangspunkt für die Implementierung des *kompetenzbasierten Qualifikationssystems* waren vor allem die Entwicklungen auf dem Arbeitsmarkt in den achtziger Jahren: Die Arbeitgeber waren unzufrieden und bemängelten die Diskrepanz, die zwischen den im formalen Bildungssystem vermittelten Kenntnissen, Fähigkeiten und Fertigkeiten und den am Arbeitsplatz erforderlichen Qualifikationen bestand. Zudem verfügten auch die Beschäftigten der mittleren Altersgruppen häufig nur über unzureichende berufliche Qualifikationen. Deshalb wurde ein Plan zur Entwicklung des beruflichen Weiterbildungssystems in die politische Agenda aufgenommen. Als Konsequenz daraus sollten nun informell erworbene Fähigkeiten anerkannt werden, um in der Bevölkerung zum einen die Bereitschaft zum lebenslangen Lernen zu fördern, zum anderen sollten das Qualifikationsniveau angehoben und die Ausbildungszeiten verkürzt werden (vgl. Yrjölä 2003, S. 49), um dadurch Kosten zu sparen.

5.3.2 Anerkennung kompetenzbasierter Qualifikationen

Innerhalb des *CBQ-Systems* können Berufsabschlüsse auf den folgenden drei Qualifikationsstufen erworben werden:

1. Um einen Berufsabschluss der *beruflichen Erstausbildung* zu erwerben, müssen Grundlagen der beruflichen Handlungsfähigkeit in dem Berufsfeld nachgewiesen werden, in dem der Abschluss erworben werden soll.

2. Darüber hinaus besteht die Möglichkeit, einen so genannten *Weiterbildungsabschluss* zu erlangen. Hierfür werden die beruflichen Kompetenzen eines Facharbeiters verlangt (vgl. Haltia 2002, S. 127 f.). Voraussetzung für diese höherwertige Qualifikation ist der zuvor genannte Abschluss einer beruflichen Erstausbildung sowie eine mindestens dreijährige Berufserfahrung (vgl. Bretschneider/Gnahs 2005, S. 34).

3. Die dritte Möglichkeit sieht den Erwerb eines *spezialisierten Berufsabschlusses* vor, für den man einen Nachweis über anspruchsvolle Fähigkeiten und weiterführende Kenntnisse in dem entsprechenden Berufsfeld erbringen muss (vgl. Haltia 2002, S. 127 f.). Dazu wird in der Regel eine fünfjährige Berufserfahrung verlangt (vgl. Bretschneider/Gnahs 2005, S. 34).

Da das finnische Berufsbildungssystem über eine modularisierte Struktur verfügt, können sich die Bewerber erworbene Kompetenzen entweder für einzelne Teilbereiche oder für einen vollständigen Abschluss anrechnen lassen (vgl. Yrjölä 2003, S. 52).

5.3.3 Institutionelle Rahmenbedingungen

Die Anzahl und die Bezeichnungen der Qualifikationen legt das finnische *Bildungsministerium* (Ministry of Education) fest. Für die Entwicklung der Bildungsziele, Bildungsinhalte und Bildungsmethoden ist der *Nationale Bildungsausschuss* (NBA)[37] zuständig. Innerhalb dieser Zuständigkeit genehmigt und veröffentlicht er die geforderten Kompetenzen, die zum Erwerb eines Abschlusses nachgewiesen werden müssen. Weiterhin ernennt der

---

[37] Bzw. „National Board of Education – NBE" (vgl. Yrjölä 2003, S. 50).

NBA die *Prüfungsausschüsse*, die für die Überwachung der Prüfungen sowie für die Erstellung von Zeugnissen zuständig sind (vgl. Haltia 2002, S. 128). Zudem schließen die Prüfungsausschüsse Verträge mit den *Bildungseinrichtungen*, die die Fähigkeitsprüfungen organisatorisch vorbereiten und durchführen (vgl. Yrjölä 2003, S. 51). Hierzu entwickeln die Bildungseinrichtungen entweder eigene Verfahren oder sie greifen auf vorgefertigte Prüfungen zurück. Zu den Prüfern gehören neben Lehrern vor allem auch Fachleute des entsprechenden Berufsfeldes, die über praktische Berufskenntnisse verfügen (vgl. Haltia 2002, S. 129). Des Weiteren sind diese Einrichtungen für die Beratung von Interessenten zuständig, die sich über Anerkennungsmöglichkeiten ihrer Kompetenzen oder über persönliche Weiterbildungsmöglichkeiten informieren möchten (vgl. Yrjölä 2003, S. 51). Um die Qualität und die Vergleichbarkeit der Prüfungen landesweit zu sichern, wurde das Projekt ALVAR[38] entwickelt. Hier werden spezielle Schulungen für Prüfer und Bildungseinrichtungen angeboten und durchgeführt. Außerdem wurde eine Datenbank mit Prüfungsaufgaben angelegt, auf die die Bildungseinrichtungen zugreifen können (vgl. Bjørnåvold 2001, S. 102). Die Notwendigkeit zur Errichtung eines solchen Projektes resultierte aus den Ergebnissen einer ersten Evaluation des *CBQ-Systems* aus dem Jahre 2005. Es zeigte sich, dass die Bewertung der Prüfungsinhalte je nach Bildungseinrichtung sehr unterschiedlich erfolgte, wodurch die Zuverlässigkeit und Gültigkeit des Verfahrens in Frage gestellt wurde (vgl. Seusing/Back 2003, S. 10).

5.3.4 Wege zur Anerkennung

Der Prozess der Anerkennung kompetenzbasierter Qualifikationen erfolgt in mehreren Schritten. Seusing und Back charakterisieren den Ablauf des *CBQ-Systems* wie folgt:

Darst. 10: Anerkennung kompetenzbasierter Qualifikationen (Quelle: Seusing/Back 2003, S. 11)

Die Grundvoraussetzung bildet eine intensive Beratung in einer Weiterbildungseinrichtung. Diese umfasst eine Auseinandersetzung mit den beruflichen Kompetenzen des Antragstellers und mit dem von ihm angestrebten Berufsabschluss. Falls weiterer Qualifizierungsbedarf besteht, erfolgt die Erarbeitung eines individuellen Programms zur

---

[38] „Ammattitutkintojen Laadunen VARmistus — ALVAR" bzw. „Qualitätskontrolle kompetenzbezogener Qualifikationen" (Bjørnåvold 2001, S. 102, Fn. 14).

Prüfungsvorbereitung. Entspricht das Kompetenzniveau des Antragstellers bereits den Anforderungen, kann er sich zur Prüfung anmelden. Die Realität sieht jedoch oftmals anders aus: Obwohl als Vorteil des finnischen *CBQ-Systems* hervorgehoben wird, dass der Zugang zu den Befähigungsprüfungen *nicht* an bestimmte Bildungswege gekoppelt ist, ist es häufig erforderlich, dass Kandidaten an Vorbereitungskursen teilnehmen müssen, um die Prüfung überhaupt bestehen zu können. Die Prüfungen finden in Bildungseinrichtungen statt. Der erfolgreiche Abschluss führt zu einer offiziell anerkannten Berufsqualifikation, die gleichwertig zu einem im formalen Berufsbildungssystem erworbenen Abschluss ist (vgl. ebd., S. 11).

Hinsichtlich der in der Prüfung zum Einsatz kommenden Verfahren wird von den Bildungsbehörden eingeräumt, „dass nahezu jedes Mittel zur Überprüfung der Kompetenzen eines Bewerbers möglich ist" (Haltia 2002, S. 128). Die Aufgaben sollen so konzipiert sein, dass sie viele praktische Anteile aufweisen, „da nicht die Fähigkeit, Tests auszufüllen, überprüft werden soll, sondern die Bewältigung von Anforderungen, die sich aus der beruflichen Praxis ergeben" (Yrjölä 2003, S. 51).

Folgende Nachweismöglichkeiten sind nach Yrjölä in der Praxis des finnischen *CBQ-Systems* am geläufigsten:

Die Prüfungen erfolgen unter möglichst authentischen Bedingungen am Arbeitsplatz des Bewerbers. Der Nachweis der beruflichen Handlungsfähigkeit erfolgt im Rahmen praktischer Aufgaben, die durch schriftliche und mündliche Ausführungen vervollständigt werden. In der Praxis zeigt sich jedoch, dass gerade der erstgenannte Punkt – nämlich die Prüfungen innerhalb von Betrieben durchzuführen – in der Realität kaum praktiziert wird: Sie werden vielmehr überwiegend in speziellen Bildungseinrichtungen absolviert, da sie dort mit einem sehr viel geringeren Arbeits- und Kostenaufwand durchgeführt werden können. Um dennoch eine angemessene Bewertung der berufsrelevanten Kompetenzen vornehmen zu können, werden entsprechende Arbeitsanforderungen simuliert (vgl. ebd., S. 51). Nicht zuletzt kann der Erwerb eines Berufsabschlusses (sowohl der vollständige Abschluss als auch die Anerkennung einzelner Module) auch über die Vorlage von Portfolios erfolgen. Hiervon wird jedoch nur selten Gebrauch gemacht (vgl. Haltia 2002, S. 129).

Während die Bewertungsskala bei den Prüfungen zur *beruflichen Erstausbildung* von „sehr gut" (5) über „gut" (4-3) und „befriedigend" (2-1) reicht, ist dies bei den Prüfungen auf der Ebene der *beruflichen Weiterbildung* und auf der des *spezialisierten Berufsabschlusses* nicht der Fall: Es wird nur zwischen „bestanden" und „nicht bestanden" unterschieden (vgl. Yrjölä 2003, S. 51 f.).

5.3.5 Abschließende Betrachtung

Mit dem finnischen *CBQ-System* liegt ein kompetenzbezogenes Verfahren vor, das eine explizite Zertifizierung von Kenntnissen vornimmt, die außerhalb des formalen Bildungssystems erworben wurden. Es öffnet jedem Interessenten die Tür zu einem offiziell anerkannten Berufsabschluss, sofern er seine berufliche Handlungsfähigkeit glaubhaft nachweisen kann.

Die Tatsache, dass sich die Anzahl der Teilnehmer zwischen den Jahren 1995 und 2002 mehr als verzehnfacht hat (vgl. ebd., S. 50), spricht für das große Interesse an diesem Verfahren und dessen guter Konzeption. Dass das *CBQ-System* auch von der finnischen Wirtschaft, der Industrie und der Gesellschaft akzeptiert wird, zeigt sich darin, dass im Laufe der Jahre immer mehr Berufsfelder in dieses System aufgenommen wurden. Im Jahre 1999 konnten auf diesem Wege in 66 Berufen Abschlüsse für die *berufliche Erstausbildung* erworben werden, im Jahre 2000 erhöhte sich diese Zahl bereits auf 95 Berufe. Im Bereich der *beruflichen Weiterbildung* kam es zu einem Anstieg von 146 auf 174 Berufsfelder. Die Möglichkeit, einen *spezialisierten Berufsabschluss* zu erwerben, wurde innerhalb eines Jahres von 107 auf 120 Berufsfelder ausgeweitet (vgl. Bjørnåvold 2001, S. 99; Yrjölä 2003, S. 49).

Es lassen sich jedoch auch verschiedene Schwächen des *CBQ-Systems* ausmachen, die vor allem die folgenden Aspekte betreffen:
So war beispielsweise die allgemeine Durchfallquote im Jahre 1997 mit 30 Prozent relativ hoch. In einigen Berufsfeldern lag sie sogar bei 50 Prozent. Anzumerken ist jedoch, dass die Teilnehmer zumindest ein oder mehrere Module erfolgreich abschließen konnten. Die bestandenen Module wurden zwar zertifiziert, doch ihre Verwertbarkeit im beruflichen Alltag war nur sehr gering. Von praktischer Bedeutung war nur die Gesamtqualifikation, für deren Erwerb jedoch in der Regel die Teilnahme an prüfungsvorbereitenden Kursen erforderlich war. Dies stellt eine Diskrepanz zu den ursprünglichen Ansprüchen des *CBQ-Systems* dar (vgl. Haltia 2002, S. 129 f.).
Grundlegend für ein kriterien- und kompetenzbezogenes Verfahren sollte die Bewertung der Prüflinge anhand festgelegter Kompetenzkriterien erfolgen. Einige Prüfer lassen jedoch eigene Erfahrungen bezüglich der Anforderungen des Arbeitslebens in die

Beurteilungen einfließen. So neigen vor allem unerfahrene Prüfer dazu, ihre Bewertungen nicht – wie es das kompetenzbezogene System vorsieht – an den vorgegebenen Kriterien auszurichten. Sie stellen vielmehr eine Rangordnung zwischen den erbrachten Leistungen der Teilnehmer auf und machen diese zum Beurteilungsmaßstab. Eine solche Vorgehensweise birgt die Gefahr, dass die Entscheidung darüber, ob ein Kandidat die Prüfung bestanden hat oder nicht, außerdem vom Gesamtniveau der Leistungen aller Teilnehmer beeinflusst wird (vgl. ebd., S. 131 f.). Mit der Implementierung des AL-VAR-Projektes im Jahre 1995 waren die Ziele verbunden, die Gültigkeit und Zuverlässigkeit des Verfahrens sicherzustellen und die Leistungsanforderungen in den Prüfungen landesweit vergleichbar zu machen. Yrjölä kommt jedoch 2003 zu dem Fazit, dass die Leistungsanforderungen in den verschiedenen Bildungseinrichtungen dennoch sehr uneinheitlich sind und dass von Kandidaten vor allem Einrichtungen bevorzugt werden, die geringere Anforderungen stellen (vgl. Yrjölä 2003, S. 52). Für Dohmen stellt das ALVAR-Projekt trotz allem „die hervorragendste finnische Besonderheit" (Dohmen 2001, S. 120) dar, das zur Sicherung der Qualität des *CBQ-Systems* beitragen kann.

Wenn man allerdings die Vor- und Nachteile dieses Verfahrens gegeneinander abwägt, so kann man dennoch zu dem Schluss gelangen, dass das informelle Lernen durch das *CBQ-System* und dessen gesetzlicher Verankerung eine deutliche Aufwertung erfahren hat.

5.4 Schweiz: Schweizerisches Qualifikationsbuch

Seit dem Jahre 1999 existiert in der Schweiz das *Schweizerische Qualifikationsbuch*[39], das Jugendlichen, Berufserfahrenen, Wiedereinsteigern und Arbeitslosen eine systematische Erfassung, Bewertung und Anerkennung ihrer formell und informell erworbenen Lernleistungen ermöglichen soll. Das *Qualifikationsbuch* dient in erster Linie einer Sammlung von Grundlagen für die individuelle Laufbahnentwicklung in Bildung und Beruf sowie der Förderung der beruflichen Flexibilität und Mobilität (vgl. Haasler/Schnitger 2005, S. 61). Dies kann zum Beispiel berufliche Entwicklungen, Umorientierungen oder Weiterbildungen betreffen. Weiterhin kann es auf betrieblicher Ebene zur Unterstützung bei Personalentscheidungen eingesetzt werden. Für Erwerbslose bietet es die Chance, die berufliche (Wieder-)Eingliederung und Beschäftigung zu fördern (vgl. Möding/Stickel 2003, S. 557). Das *Schweizerische Qualifikationsbuch* stellt somit ein Arbeitsinstrument zur

---

[39] „Portfolio personnel de compétences" (Calonder Gerster 2000, S. 39) in der Westschweiz, dem französischsprachigen Teil der Schweiz.

Erfassung verschiedenartiger Lernleistungen dar, mit dem Ziel, sich auf dem Arbeitsmarkt optimal präsentieren zu können. Darüber hinaus soll die Bilanzierung der eigenen Kenntnisse, Fähigkeiten und Fertigkeiten zu einer Stärkung des Selbstbewusstseins führen (vgl. Näf 2000, S. 39). Die Bewusstmachung dieses Wissen, besonders der im Rahmen der Berufs- und Familientätigkeit erworbenen Kompetenzen, beschreibt Wettstein als das zentrale Anliegen des *Qualifikationsbuches* (vgl. Wettstein 2003, S. 161). Die Dokumentation informell erworbener Kompetenzen kann schließlich auch von externen Institutionen anerkannt werden (vgl. Näf 2000, S. 39). Dafür ist das Bundesamt für Berufsbildung und Technologie (BBT) zuständig (laut schriftlicher Auskunft von Hansruedi Bott, Mitarbeiter der Gesellschaft CH-Q).

5.4.1 Entstehung

Eine bildungspolitische Aktion der Nationalrätin Judith Stamm, die eine Durchlässigkeit des Aus- und Weiterbildungssystems sowie die Entwicklung eines Berufsbildungsbuches forderte, welches kontinuierlich erbrachte Bildungsleistungen bestätigen und anerkennen sollte, führte dazu, dass sich im Jahre 1994 auf nationaler Ebene die Bildungsinitiative CH-Q konstituierte (vgl. Calonder Gerster 2000, S. 39). Die Initiative dazu ging vom Bund Schweizerischer Frauenorganisationen (BSF) und von der Schweizerischen Gesellschaft für angewandte Berufsbildungsforschung (SGAB) aus. Mittlerweile wird das Schweizerische Qualifikationsprogramm von einer Vielzahl angesehener Institutionen aus den Bereichen Wirtschaft, Verwaltung und Politik unterstützt (vgl. Marty 2001, S. 78). Seit dem Ende ihrer Projektphase im Jahr 2000 ist die Gesellschaft CH-Q als Nonprofit-Verein tätig. Ihr Hauptanliegen ist die Schaffung eines Gesamtangebotes, das Personen dazu befähigen soll, ihre Potenziale bewusst, realitätsbezogen und eigenverantwortlich zu nutzen und ihre Fähigkeiten, Kompetenzen und Qualifikationen nachhaltig zu managen, um ihre weitere Laufbahn zielgerichtet organisieren zu können (vgl. Calonder Gerster/Hügli 2004, S. 39).

Das *Schweizerische Qualifikationsbuch* stellt einen Teil dieses Gesamtprogramms dar, das unter der Bezeichnung *„Schweizerisches Qualifikationsprogramm zur Berufslaufbahn"* (CH-Q) angeboten wird (Calonder Gerster 2004, S. 198). Innerhalb dieses Gesamtangebotes macht das *Qualifikationsbuch* einen bedeutenden Bestandteil der Bildungs- und Beratungsangebote aus (vgl. Calonder Gerster 2000, S. 39).

5.4.2 Aufbau des Qualifikationsbuches

Das *Qualifikationsbuch* setzt sich im Wesentlichen aus zwei Teilen zusammen: aus einer ausführlichen Arbeitsanleitung einerseits und einem Formularteil zur persönlichen Bearbeitung andererseits (vgl. Marty 2001, S. 79).

Die Arbeitsanleitung enthält Informationen über Ziel, Zweck und Vorgehensweise zum Umgang mit dem Handbuch. Des Weiteren werden Erläuterungen zu zentralen Begrifflichkeiten sowie konkrete Beispiele zum Ausfüllen der Arbeitsblätter gegeben (vgl. Haasler/Schnitger 2005, S. 63).

Der zweite Teil des Buches besteht aus einem Ordner mit verschiedenen Formularen, der durch die systematische Ablage und Sammlung von Nachweisen, Zeugnissen, Bemerkungen und Notizen die Erstellung eines Portfolios ermöglicht (vgl. Frank 2003, S. 194). Die Arbeit mit dem Handbuch soll den Anwender darin unterstützen, über seinen beruflichen und persönlichen Werdegang zu reflektieren, diesen zu dokumentieren und sich eigener Potenziale bewusst zu werden (vgl. Näf 2000, S. 39).

Die Bearbeitung des Formularteils lässt sich nach Möding und Stickel im Wesentlichen in drei zentrale Abschnitte unterteilen, die wiederum untergliedert sind:

Der erste Abschnitt trägt den Titel *„Erfassen und beurteilen"*. Er setzt sich aus drei Unterpunkten zusammen. Der erste Unterpunkt „Werdegang" umfasst die Sammlung von Daten aus der Aus- und Weiterbildung, der Erwerbstätigkeit und der Nichterwerbstätigkeit. Der zweite Unterpunkt „Potenzial" dient der Erfassung und Beurteilung der persönlichen Kompetenzen und Fähigkeiten. Im dritten Unterpunkt „Persönliches Profil" erfolgt eine Darstellung der eigenen Stärken.

Der zweite Abschnitt ist übertitelt mit *„Überdenken, umsetzen"* und gliedert sich in die folgenden vier Unterpunkte:
1. Lernerfahrungen (Reflexion über Lernprozesse)
2. Weichenstellung (Bereitschaft, die gewonnenen Ergebnisse für zukünftige Veränderungen zu nutzen)
3. Perspektiven und Maßnahmen (Erstellung eines individuellen Aktionsplans, der auf den weiteren Werdegang ausgerichtet ist)
4. Bewerbungen (Anfertigung eines Lebenslaufes und eines Bewerbungsdossiers)

Der dritte und letzte Abschnitt des Formularteils lautet *„Nachweisen"*. In diesem Teil werden Nachweise aus der Aus- und Weiterbildung (Diplome, Zeugnisse, Bescheinigungen etc.), aus der Erwerbstätigkeit (Arbeitszeugnisse, Referenzen etc.) und aus Zeiten der Nichterwerbstätigkeit (z.B. Bescheinigungen und Dankesschreiben aus ehrenamtlichen Tätigkeiten) gesammelt (vgl. Möding/Stickel 2003, S. 560) und mit den ausgefüllten Formularteilen ins *Qualifikationsbuch* geheftet. So sind sämtliche Unterlagen für zukünftige Bewerbungssituationen griffbereit und können durch weitere Dokumente ergänzt und aktualisiert werden (vgl. Haasler/Schnitger 2005, S. 64).

Die Bewertung der Kompetenzen erfolgt auf vier Leistungsniveaus:

1. Das Niveau der Stufe eins entspricht der Fähigkeit, Handlungen unter Anleitung auszuführen.
2. Das zweite Kompetenzniveau entspricht der Fähigkeit, Handlungen selbstständig unter ähnlichen Bedingungen auszuführen.
3. Das Kompetenzniveau der Stufe drei liegt vor, wenn der Betroffene in der Lage ist, Handlungen einerseits selbstständig, andererseits unter verschiedenen Bedingungen auszuführen.
4. Kann ein Anwender Handlungen nicht nur selbstständig ausführen, sondern diese auch erklären und dazu anleiten, so entspricht diese Fähigkeit dem Kompetenzniveau der vierten Stufe (vgl. Möding/Stickel 2003, S. 557).

5.4.3 Aktuelle Bedeutung

Aktuelle Bedeutung erlangte das *Qualifikationsbuch* in der Schweiz durch das neue Berufsbildungsgesetz (nBBG) aus dem Jahre 2004. Dieses sieht vor, dass „der Erwerb von formalen Abschlüssen (..) auch dann möglich [wird, Anm. d. Verf.], wenn die formale Qualifikation nicht vorliegt. In diesem Fall muss ein(e) Kandidierende(r) die Gleichwertigkeit der vorhandenen Ausbildung und Erfahrung mit dem vorgegebenen Anforderungsprofil nachweisen. Als Arbeitsgrundlagen dienen Portfolioinstrumente (…), die zu einem Dossier für den Kompetenznachweis führen" (Calonder Gerster/Hügli 2004, S. 36). Als Grundlage für einen solchen Kompetenznachweis kann das *Schweizerische Qualifikationsbuch* als ein Bestandteil des CH-Q-Kompetenz-Management-Modells angesehen werden. Durch das neue Berufsbildungsgesetz ist die klassische Abschlussprüfung eines beruflichen Qualifizierungslehrgangs zwar noch die wichtigste, aber sie ist nicht mehr die einzige Möglichkeit, einen formalen Qualifikationsnachweis zu erwerben (vgl. Wettstein 2003, S. 154). Das Gesetz sieht vor, dass nun auch informell erworbene Kompetenzen, die glaubhaft dokumentiert und nachgewiesen werden, ohne weitere Prüfungen anerkannt werden können (vgl. Calonder Gerster/Hügli 2005, S. 2).

5.4.4 Ausblick

Die Bedeutung des *Schweizerischen Qualifikationsprogramms zur Berufslaufbahn* hat in den letzten Jahren nicht nur in der Schweiz selbst, sondern auch in anderen europäischen Ländern an Interesse gewonnen. „Es ist auch konkret im Einsatz in Belgien, Deutschland, Holland, Luxemburg und Österreich, wo mittlerweile CH-Q-ausgebildete Fachleute in staatlichen, halbstaatlichen oder privaten Bildungs- oder Beratungsträgern tätig sind" (Calonder Gerster/Hügli 2004, S. 40).

Durch die systematische Dokumentation ihrer Kompetenzen und Fähigkeiten werden die Anwender bezüglich ihrer weiteren Laufbahnplanung unterstützt. Neben formal erbrachten Lernleistungen erfolgt eine explizite Berücksichtigung informell erworbener Kompetenzen, die sich Personen im Rahmen der Familienarbeit, im Ehrenamt, in der Freizeit oder aufgrund ihres politischen Engagements angeeignet haben (vgl. Calonder Gerster 2000, S. 39). Unter diesem Blickwinkel lässt sich das *Qualifikationsbuch* mit dem französischen Verfahren der „bilans de compétences" vergleichen, das auf einer formativen Basis arbeitet. Mit der Einführung des neuen Berufsbildungsgesetzes wurde die formative Funktion des *Schweizerischen Qualifikationsbuches* um eine summative Funktion erweitert. Durch die gleichwertige Anerkennung von formal und informell erworbenen Kompetenzen wird den Anwendern nun die Möglichkeit eröffnet, Qualifikationen zu erwerben, ohne die dazu normalerweise erforderlichen formalen Nachweise zu erbringen. Inwieweit diese Möglichkeit in Anspruch genommen wird, kann an dieser Stelle nicht beurteilt werden. Da das neue Berufsbildungsgesetz erst im Jahre 2004 eingeführt wurde, liegen bisher keine aussagekräftigen Daten vor, die eine Evaluation erlauben.

6. Schlussteil

In der Auseinandersetzung mit der einschlägigen Fachliteratur stellte sich heraus, dass der Begriff des informellen Lernens bislang weder hinreichend spezifiziert noch einheitlich verwendet wird. Infolgedessen wurde von einem sehr weit gefassten Verständnis informellen Lernens ausgegangen. Die Subsumierung unterschiedlicher Lernformen und lerntheoretischer Ansätze unter dem Obergriff des informellen Lernens erwies sich insofern als erforderlich, als keine allgemeingültige, grundlegend präzisierte und theoretisch fundierte Begriffsbestimmung existiert. Hier besteht weiterer Forschungsbedarf, um vorliegende Untersuchungsergebnisse sowohl unter quantitativen als auch unter qualitativen Gesichtspunkten angemessen miteinander vergleichen zu können.

Bezüglich der Bedeutsamkeit formaler und informeller Lernprozesse lässt sich festhalten, dass keine der beiden Lernformen favorisiert werden kann. Sie greifen vielmehr ineinander, bedingen sich wechselseitig und befinden sich somit in einem komplementären Verhältnis zueinander. Informelles Lernen kann dabei sowohl Voraussetzung als auch Fortsetzung formaler Lernprozesse sein.

Hinsichtlich der Ziele und Absichten, die mit einer Identifizierung, Bewertung und Anerkennung informell erworbener Kompetenzen einhergehen, lässt sich keine allgemeingültige Aussage treffen: Entsprechend der jeweiligen Intentionen werden individuelle, gesamtgesellschaftliche, betriebliche und bildungspolitische Interessen verfolgt.

Die Ermittlung und Bewertung der auf informellem Wege erworbenen Kenntnisse, Fähigkeiten und Fertigkeiten gestaltet sich wegen divergierender Kompetenzverständnisse, wegen des impliziten und kontextuellen Charakters informellen Lernens und wegen der Erfüllung der Gütekriterien Gültigkeit, Zuverlässigkeit und Objektivität als schwierig. Infolgedessen ergibt sich die Notwendigkeit, an die Stelle einer einzigen innovativen Methode, die sämtlichen Besonderheiten informellen Lernens gerecht wird, eine situationsadäquate Methodenvielfalt einzusetzen.

Bezüglich der Anerkennung informell erworbener Kompetenzen ist zwischen Verfahren zu unterscheiden, die keine formale Zertifizierung anstreben und die infolgedessen nur über eine eingeschränkte Geltungsbreite verfügen und zwischen solchen, die die Resultate informellen Lernens formal anerkennen. Die Akzeptanz der aus diesen Anerkennungsverfahren resultierenden Kompetenznachweisen bemisst sich weitgehend an den folgenden Kriterien: Informationsgehalt, Transparenz und Aktualität, Qualität und Einheitlichkeit des Validierungsverfahrens und Renommee der ausstellenden Institution.

6. Schlussteil

Angesichts des Stellenwertes, den die Ermittlung, Bewertung und Anerkennung informell erworbener Kompetenzen in Deutschland einnimmt, muss ein ernüchterndes Fazit gezogen werden. Obwohl sich seit den letzten Jahren eine verstärkte Hinwendung zu dieser Thematik verzeichnen lässt, werden die Resultate informellen Lernens hierzulande bislang nur in Ausnahmefällen hinreichend honoriert. Eine Zertifizierung erfolgt nahezu ausschließlich in den Systemen der allgemeinen und beruflichen Bildung.

Anders gestaltet sich dies im internationalen Kontext: In zahlreichen europäischen Nachbarländern, so auch in den hier vorgestellten, wurden bereits vergleichsweise früh entsprechende Systeme zur Identifizierung, Bewertung und Anerkennung der auf informellem Wege erbrachten Lernleistungen implementiert. Die fundamentale Bedeutung, die informellen Lernprozessen in diesen Ländern bezüglich der Kompetenzentwicklung beigemessen wird, lässt sich durch das Vorhandensein ordnungspolitischer Vorgaben belegen. Es existieren gesetzliche Bestimmungen, die die Rahmenbedingungen für Verfahren zur Anerkennung formal absichern. Überträgt man diesen Sachverhalt auf das hiesige Bildungs- und Berufsbildungssystem, so wird deutlich, dass in Deutschland ein erheblicher Nachholbedarf bezüglich der Implementierung entsprechender Systeme besteht.

Um dem informellen Lernen und seiner Anerkennung auch hierzulande einen angemessenen Stellenwert zukommen zu lassen, ist es erforderlich, die Wahrnehmung und Wertschätzung dieses lebensimpliziten Lernens zu fördern. Vor diesem Hintergrund gilt es, das angebotsorientierte, nach curricularen Vorgaben gestaltete und reglementierte formale Bildungswesen stärker für ein selbstgesteuertes und nachfrageorientiertes informelles Lernen zu öffnen. Die Lehrangebote und Bildungsstandards der Systeme der allgemeinen und beruflichen Bildung müssen deshalb so gestaltet werden, dass sie auch den Besonderheiten des praxisbezogenen informellen Lernens gerecht werden. Es müssen entsprechende Rahmenbedingungen und Handlungsspielräume geschaffen werden, die eine umfassendere Berücksichtigung individueller Interessen sowie eine stärkere Partizipation Lernender ermöglichen. Dies impliziert zugleich einen subjektorientierten Ansatz, der dann nicht ausschließlich auf die angebotsorientierten formalen Bildungsstandards ausgerichtet ist, sondern zunehmend auch auf aktuelle Bedürfnisse, lebenspraktische Themen und Problemhaltigkeiten. Weiterhin bedarf es einer Motivation zum eigenständigen (Weiter-)Lernen, einer Bereitstellung von Hilfen beim selbst initiierten Wissenserwerb sowie einer systematischen und professionellen Begleitung von Lernprozessen. Die Rolle der Lehrenden wird sich dahingehend verändern müssen, dass diese nicht mehr primär als „Erzeuger" von Wissen, sondern vielmehr als „Initiatoren" von Lernprozessen und als Lernberater fungieren. Da Lernen ein lebensimmanenter Prozess ist, der stets selbstregulative Anteile enthält, sollte die Förderung des selbstgesteuerten Lernens zukünftig einen zentralen Schwerpunkt im Tätigkeitsbereich von Lehrern und Dozenten darstellen. Somit muss projektorientiertem, praktischem und fächerübergreifendem Unterricht unter Einbeziehung von Medien ein sehr viel höherer Stellenwert beigemessen werden. Die Orientierung an lebenspraktischen Themen kann Lernenden dann Möglichkeiten zum Erkunden und Ausprobieren und zum selbstgesteuerten Lernen eröffnen.

Die Förderung einer nachhaltigen Kompetenzentwicklung erfordert praktikable und effektive Konzepte zur Verknüpfung formalen und informellen Lernens. Es gilt, „einen nicht motivationstötenden Ausgleich zwischen einem planmäßig-grundlegenden mehr systematischen Vorweglernen und einem mehr interessenbezogenen Ad-hoc-Lernen in plausiblen Lernanforderungssituationen auszubalancieren" (Dohmen 2001, S. 136).

Um Anreize für ein lebenslanges Lernen zu schaffen und um weiterhin die Beschäftigungsfähigkeit eines jeden Einzelnen zu sichern, ist es zudem erforderlich, dass Kompetenzen unabhängig vom Wann, Wie und Wo ihrer Aneignung anerkannt werden. Vor allem in Zeiten der Beschäftigungskrise wird der Besitz eines formalen Abschlusses mehr denn je erforderlich, da sich der „Marktwert" eines jeden Einzelnen zunehmend an formalen Nachweisen seines Wissens und Könnens bemisst. Für das deutsche Bildungswesen ergibt sich vor diesem Hintergrund die Notwendigkeit einer Veränderung der derzeit gebräuchlichen Zertifizierungswege. Die Erfahrungen der europäischen Nachbarländer bezüglich der Anerkennung informell erworbener Kompetenzen könnten für die Implementierung entsprechender Ansätze in Deutschland wichtige Impulse liefern, auch wenn sich diese aufgrund anderer Ausgangsbedingungen nicht ohne Weiteres auf den hiesigen Kontext transferieren lassen. Gleichwohl könnten die dort sichtbar gewordenen institutionellen, methodischen und praktischen Probleme bedeutende Impulse für die Weiterentwicklung geeigneter Verfahren entsprechend der spezifischen Erfordernisse des hiesigen Bildungs- und Berufsbildungssystems bieten. Vor dem Hintergrund ausländischer Erfahrungen lassen sich verschiedene Anforderungen benennen, die es bei der Entwicklung von Systemen zur Bewertung und Anerkennung informeller Lernleistungen zu berücksichtigen gilt: Der Zertifizierungsprozess sollte von renommierten, vertrauenswürdigen und kompetenten Institutionen (öffentlicher oder privater

Art) vorgenommen werden, die die Anerkennung informeller Lernleistungen auf der Basis praktikabler, ausgereifter und transparenter Bewertungs- und Prüfverfahren durchführen. Um eine breite Akzeptanz der Anerkennungsverfahren sicherzustellen ist es weiterhin erforderlich, alle relevanten Akteure des Arbeitsmarktes und des Bildungssystems in den Prozess einzubeziehen, damit diese konsensuell über die Entwicklung geeigneter Bewertungsverfahren und Zertifikate entscheiden können. Letztlich wird sich der Erfolg entsprechender Zertifikate an ihrer Verwertbarkeit auf dem Arbeitsmarkt und im Bildungssystem bemessen, denn nur wenn sie ihren Inhabern verbesserte Zugangsmöglichkeiten zum Beschäftigungs- oder zum formalen Bildungssystem eröffnen, haben sie auch einen Wert (vgl. Laur-Ernst 2001a, S. 42).

Für den weiteren bildungspolitischen Handlungsbedarf lässt sich abschließend festhalten, dass die Implementierung lernwegunabhängiger Kompetenzprüfungen für die weitere Zukunft konstitutiv ist; die Identifizierung, Bewertung und Anerkennung informell erworbener Kompetenzen dürfen hierzulande nicht länger die Rolle einer Restkategorie einnehmen. „Eine wesentliche Aufgabe in der näheren Zukunft wird darin bestehen, die vielfältigen Entwicklungen im Feld der Erfassung und Anerkennung der in informellen Lernkontexten erworbenen Kompetenzen zu bündeln und die Forschungs- und Entwicklungsaktivitäten auf die Gestaltung eines von allen relevanten gesellschaftlichen Gruppen getragenen Referenzsystems zur Anerkennung der Kompetenzen zu verstärken" (Frank 2004, S. 35).

Literaturverzeichnis

Ant, Marc: La validation des acquis professionnels. In: GdWZ – Grundlagen der Weiterbildung: Biografische Orientierung der Weiterbildung. (Neuwied), 12. Jg. (2001), Nr. 2, S. 70-73.

Ant, Marc; Perez, Noëmie: Validierung der Berufserfahrung als Qualifikation. In: GdWZ – Grundlagen der Weiterbildung: Formales und informelles Lernen. (Neuwied), 16. Jg. (2005), Nr. 2, S. 29-31.

Arend, Cornelia: Implizites Wissen und Informelle Bildung. In: Spektrum Freizeit. Schwerpunkt: Informelle Bildung, Wissen und Medien. (Bielefeld), 25. Jg. (2003), Nr. 2, S. 31-40.

Arnold, Rolf: Von der Bildung zur Kompetenzentwicklung. Anmerkungen zu einem erwachsenenpädagogischen Perspektivwechsel. In: Nuissl, Ekkehard; Schiersmann, Christiane; Siebert, Horst (Hrsg.): Report – Literatur- und Forschungsreport Weiterbildung: Kompetenzentwicklung statt Bildungsziele? (Bielefeld), o. Jg. (2002), Nr. 49, S. 26-38.
URL: http://www.die-bonn.de/esprid/dokumente/doc-2002/nuissl02_02.pdf #page=26 (Stand: 03.05.2007)

Arnold, Rolf; Gómez Tutor, Claudia; Kammerer, Jutta: Selbst gesteuertes Lernen als Perspektive der beruflichen Bildung. In: BWP – Berufsbildung in Wissenschaft und Praxis: Berufsbildungspolitik im Blickpunkt. (Bielefeld), 31. Jg. (2002), Nr. 4, S. 32-36.

Barth, Susanne; Neß, Harry: Machbarkeitsstudie „Weiterbildungspass mit Zertifizierung informellen Lernens". Dokumentation lebenslangen Lernens. In: GdWZ – Grundlagen der Weiterbildung: Der Teilnehmer als Kunde. (Neuwied), 14. Jg. (2003), Nr. 4, S. 163-165.

Bjørnåvold, Jens: Ermittlung und Validierung von früher bzw. nicht formell erworbenen Kenntnissen. CEDEFOP – Europäisches Zentrum für die Förderung der Berufsbildung (Hrsg.): CEDEFOP panorama Diskussionspapier. Thessaloniki 1997a.

Bjørnåvold, Jens: Die Bewertung nicht formell erworbener Kenntnisse: Qualität und Grenzen verschiedener Verfahrensweisen. In: CEDEFOP – Europäisches Zentrum für die Förderung der Berufsbildung (Hrsg.): Europäische Zeitschrift für Berufsbildung: Was wissen wir? Die Erfassung arbeitsmarktrelevanter Kenntnisse, Fähigkeiten und Kompetenzen. (Thessaloniki), o. Jg. (1997b), Nr. 12, S. 62-81.

Bjørnåvold, Jens: Eine Vertrauensfrage? Verfahren und Systeme zur Bewertung nicht formell erworbener Kenntnisse verlangen Akzeptanz. In: CEDEFOP – Europäisches Zentrum für die Förderung der Berufsbildung (Hrsg.): Europäische Zeitschrift für Berufsbildung: Was wissen wir? Die Erfassung arbeitsmarktrelevanter Kenntnisse, Fähigkeiten und Kompetenzen. (Thessaloniki), o. Jg. (1997c), Nr. 12, S. 82-90.

Bjørnåvold, Jens: Lernen sichtbar machen. Ermittlung, Bewertung und Anerkennung nicht formal erworbener Kompetenzen in Europa. CEDEFOP – Europäisches Zentrum für die Förderung der Berufbildung (Hrsg.). Luxemburg 2001.

BLK – Bund-Länder-Kommission für Bildungsplanung und Forschungsförderung: Lebenslanges Lernen. Programmbeschreibung und Darstellung der Länderprojekte. DIE – Deutsches Institut für Erwachsenenbildung. Bonn 2001.
URL: http://www.blk-info.de/fileadmin/BLK-Materialien/heft88.pdf
(Stand: 10.04.2007)

BMBF – Bundesministerium für Bildung und Forschung (Hrsg.): Berufsbildungsbericht 2001.
URL: http://www.bmbf.de/pub/bbb2001.pdf (Stand: 21.02.2007)

BMBF – Bundesministerium für Bildung und Forschung (Hrsg.): Weiterbildungspass mit Zertifizierung informellen Lernens. Machbarkeitsstudie im Rahmen des BLK-Verbundprojektes. Berlin 2004.

BMBF – Bundesministerium für Bildung und Forschung (Hrsg.): HRG – Hochschulrahmengesetz. Bonn/Berlin 2005.

BMBF – Bundesministerium für Bildung und Forschung (Hrsg.): Berufsbildungsbericht 2006. Bonn/Berlin 2006.

Bootz, Ingeborg: „Lernen im sozialen Umfeld" – innovatives Forschungs- und Gestaltungsfeld im Programm „Lernkultur Kompetenzentwicklung". In: QUEM-Bulletin. Berufliche Kompetenzentwicklung. (Berlin), o. Jg. (2006), Nr. 2, S. 1-6.
URL: http://www.abwf.de/main/publik/content/main/publik/bulletin/content/main/publik/bulletin/2006/B-02-06.pdf (Stand: 03.05.2007)

Bretschneider, Markus: Non-formales und informelles Lernen im Spiegel bildungspolitischer Dokumente der Europäischen Union. Bonn 2004.
URL: http://www.die-bonn.de/esprid/dokumente/doc-2004/bretschneider04_01.pdf
(Stand: 10.04.2007)

Bretschneider, Markus: Identifizierung, Bewertung und Anerkennung von non-formal und informell erworbenen Kompetenzen in England. In: TiBi – Trends in Bildung international: Nichtformale Bildung und Wissensgesellschaft. (o. O.), o. Jg. (2005), Nr. 10, S. 1-10.
URL: http://www.dipf.de/publikationen/tibi/tibi10_bretschneider.pdf
(Stand: 05.03.2007)

Bretschneider, Markus; Gnahs, Dieter: Weiterbildungspass mit Zertifizierung informellen Lernens. In: Frank, Irmgard; Gutschow, Katrin; Münchhausen, Gesa: Informelles Lernen. Verfahren zur Dokumentation und Anerkennung im Spannungsfeld von individuellen, betrieblichen und gesellschaftlichen Anforderungen. Fachtagung 30./31. März 2004 in Bonn. BIBB – Bundesinstitut für Berufsbildung (Hrsg.). Bielefeld 2005, S. 25-40.

Literaturverzeichnis

Bretschneider, Markus; Hummelsheim, Stefan: ProfilPASS – Weiterbildungspass zur Identifizierung, Erfassung und Anerkennung von informellem Lernen. In: BWP – Berufsbildung in Wissenschaft und Praxis: Transparenz und Durchlässigkeit von Bildungswegen. (Bielefeld), 35. Jg. (2006), Nr. 2, S. 29-33.

Bretschneider, Markus; Preißer, Rüdiger: Sichtbarmachung und Anerkennung von informellem Lernen im Rahmen der individuellen Erstellung von Weiterbildungspässen. In: Nuissl, Ekkehard; Schiersmann, Christiane; Siebert, Horst (Hrsg.): Report – Literatur- und Forschungsreport Weiterbildung: Zertifikate. (Bielefeld), 26. Jg. (2003a), Nr. 4, S. 31-43.

Brinkmann, Dieter: Der Freizeitpark als Lebenswelt – informelles Lernen als Erlebnis. In: Witter, Wolfgang; Kirchhof, Steffen (Hrsg.): Informelles Lernen und Weiterbildung. Neue Wege zur Kompetenzentwicklung. München/Unterschleißheim 2003, S. 73-104.

Bundesagentur für Arbeit: Nachholen schulischer Abschlüsse und Studieren ohne Abitur. BBZ – Beruf, Bildung, Zukunft. Informationen für Arbeitnehmer/innen. o. O., Ausg. 2006/2007, Nr. 8.
URL: http://infobub.arbeitsagentur.de/bbz/hefte/BBZ_08_Nachholen_schulischer_Abschluesse_Studieren_ohne_Abi.pdf (Stand: 08.03.2007)

Bunk, Gerhard: Kompetenzvermittlung in der beruflichen Aus- und Weiterbildung in Deutschland. In: CEDEFOP – Europäisches Zentrum für die Förderung der Berufsbildung (Hrsg.): Europäische Zeitschrift für Berufsbildung: Kompetenz: Begriff und Fakten. (Thessaloniki), o. Jg. (1994), Nr. 1, S. 9-15.

Bünning, Frank; Hortsch, Hanno; Novy, Katrin: Das britische Modell der National Vocational Qualifications (NVQs): Ausgangspunkt für eine Modularisierung beruflicher Bildung in Deutschland? Schriftenreihe Studien zur Erwachsenenbildung; Bd. 8. Hamburg 2000.

Bünning, Frank; Robertson, Caroline: Das britische Modell der National Vocational Qualifications (NVQs) – Struktur und Prüfungsmodalitäten. In: Rothe, Georg: Die Systeme beruflicher Qualifizierung Deutschlands, Österreichs und der Schweiz im Vergleich. Kompendium zur Aus- und Weiterbildung unter Einschluß der Problematik Lebensbegleitendes Lernen. Villingen-Schwenningen 2001, S. 389-395.

Calonder Gerster, Anita E.: Schweizerisches Qualifikationsprogramm zur Berufslaufbahn. In: Panorama. (o. O.), o. Jg. (2000), Nr. 3, S. 39-40.
URL: http://www.infopartner.ch/periodika/2000/Panorama/Heft_3_2000/pan0339.pdf (Stand: 26.02.2007)

Calonder Gerster, Anita: Das schweizerische CH-Q-Modell zur Kompetenzentwicklung - Entstehung, Grundlagen, Anwendung. In: Hasebrook, Joachim; Zawacki-Richter, Olaf; Erpenbeck, John (Hrsg.): Kompetenzkapital. Verbindungen zwischen Kompetenzbilanzen und Humankapital. Frankfurt a. M. 2004, S. 195-213.

Literaturverzeichnis

Calonder Gerster, Anita; Hügli, Ernst: Von der Selbsteinschätzung von Kompetenzen zur formellen Anerkennung und Validierung. Ein Erfahrungsbericht aus der Schweiz. In: BWP – Berufsbildung in Wissenschaft und Praxis: Neue Prüfungsformen und Bewertungsverfahren. (Bielefeld), 33. Jg. (2004), Nr. 1, S. 36-40.

Calonder Gerster, Anita; Hügli, Ernst: CH-Q Kompetenz-Management System. Eigenverantwortliche, nachhaltige Steuerung von Stärken für eine gewinnbringende berufliche Laufbahn. LfQ – Fachkongress Landesinstitut für Qualifizierung, NRW, 31. Oktober 2005, Hattingen.
URL: http:/www.lfq.nrw.de/services/downloads/doku/fachkongress_0510/calonder_vortrag.pdf (Stand 11.11.2006)

Chomsky, Noam: Aspekte der Syntax-Theorie. 2. Aufl., Frankfurt a. M. 1978.

Collingro, Peter; Heitmann, Günter; Schild, Hanjo: Identifizierung, Bewertung und Anerkennung von früher und informell erworbenen Kenntnissen – Deutschland. Projekt des CEDEFOP, durchgeführt von BBJ Servis gGmbH für Jugendhilfe. CEDEFOP – Europäisches Zentrum für die Förderung der Berufsbildung (Hrsg.): CEDEFOP panorama. Länderbericht. Thessaloniki 1997.

Cuddy, Natalia; Leney, Tom: Berufsbildung im Vereinigten Königreich. Kurzbeschreibung. CEDEFOP – Europäisches Zentrum für die Förderung der Berufsbildung (Hrsg.): Cedefop Panorama series; 112. Luxemburg 2005.

Davies, Patricia: National Vocational Qualifications (England, Wales) und „TRANSFINE". In: Ministerium für Bildung, Kultur und Wissenschaft des Saarlandes (Hrsg.): Bildungspässe – Machbarkeit und Gestaltungsmöglichkeiten. Tagungsband des internationalen Fachkongresses vom 21./22. Januar 2003 in Saarbrücken. Saarbrücken 2003, S. 32-34.
URL: http://www.bildungsbuero-koeln.de/pdf/Bildungspaesse.pdf (Stand: 03.05.2007)

Dehnbostel, Peter: Lerninseln – eine Synthese von intentionalem und erfahrungsorientiertem Lernen. In: GdWZ – Grundlagen der Weiterbildung: Lehren und Lernen in der Moderne. (Neuwied), 9. Jg. (1998), Nr. 6, S. 277-280.

Dehnbostel, Peter: Erfahrungslernen in der beruflichen Bildung – Ansatzpunkt für eine neue Lernkultur? In: Dehnbostel, Peter; Novak, Hermann (Hrsg.): Arbeits- und erfahrungsorientierte Lernkonzepte. Berufsbildung zwischen innovativer Programmatik und offener Umsetzung; Bd. 18. Bielefeld 2000, S. 103-114.

Dehnbostel, Peter: Modelle arbeitsbezogenen Lernens und Ansätze zur Integration formellen und informellen Lernens. In: Rohs, Matthias (Hrsg.): Arbeitsprozessintegriertes Lernen: Neue Ansätze für die berufliche Bildung. Münster u.a. 2002, S. 37-57.

Dehnbostel, Peter: Den Arbeitsplatz als Lernort erschliessen und gestalten. Neue Konzepte zum Lernen im Prozess der Arbeit. In: GdWZ – Grundlagen der Weiterbildung: Arbeitsplatznahe Weiterbildung. (Neuwied), 14. Jg. (2003), Nr. 1, S. 5-9.

DIE/DIPF/IES: BLK-Verbundprojekt „Weiterbildungspass mit Zertifizierung informellen Lernens" (ProfilPASS). Bericht der Erprobungsphase. Frankfurt a. M. 2005.

Literaturverzeichnis

DIE/DIPF/IES: BLK-Verbundprojekt „Weiterbildungspass mit Zertifizierung informellen Lernens" (ProfilPASS). Endbericht der Erprobungs- und Evaluationsphase. Frankfurt a. M. 2006.

Dietrich, Stephan: Zur Selbststeuerung des Lernens. In: Dietrich, Stephan (Hrsg.): Selbstgesteuertes Lernen in der Weiterbildungspraxis: Ergebnisse und Erfahrungen aus dem Projekt SeGeL. Bielefeld 2001, S. 19-28.

Dohmen, Günther: Das lebenslange Lernen. Leitlinien einer modernen Bildungspolitik. Bundesministerium für Bildung, Wissenschaft, Forschung und Technologie (Hrsg.). Bonn 1996.

Dohmen, Günther: Mehr „Brücken zum Selbstlernen" statt Krücken fürs Geführtwerden. Abschlußbericht des Kongresses „Selbstgesteuertes Lernen" der Konzertierten Aktion Weiterbildung. Königswinter 1998.
URL: http://www.die-frankfurt.de/esprid/dokumente/doc-1998/dohmen98_01.doc
(Stand: 20.03.2007)

Dohmen, Günther: Das informelle Lernen. Die internationale Erschließung einer bisher vernachlässigten Grundform menschlichen Lernens für das lebenslange Lernen aller. BMBF – Bundesministerium für Bildung und Forschung (Hrsg.). Bonn 2001.

Drexel, Ingrid: Die bilans de compétences – ein neues Instrument der Arbeits- und Bildungspolitik in Frankreich. In: QUEM – Arbeitsgemeinschaft Qualifikations-Entwicklungs-Management (Hrsg.): Kompetenzentwicklung `97: Berufliche Weiterbildung in der Transformation – Fakten und Visionen. Kompetenzentwicklung; Bd. 2. Münster u.a. 1997, S. 197-249.

Dybowski, Gisela: Erfahrungsgeleitetes Lernen – ein Ansatz zur Kompetenzentwicklung. QUEM – Arbeitsgemeinschaft Qualifikations-Entwicklungs-Management (Hrsg.): Erfahrungsgeleitetes Lernen – ein Ansatz zur Kompetenzentwicklung. QUEM-report – Schriften zur beruflichen Weiterbildung. (Berlin), o. Jg. (1999), Nr. 63.

Erler, Wolfgang: Die Kompetenzbilanz – Ein Instrument zur Selbst- und Fremdeinschätzung sozialer, methodischer und personaler Kompetenzen im Blick auf die berufliche und persönliche Entwicklung. In: Straka, Gerald A. (Hrsg.): Zertifizierung non-formell und informell erworbener beruflicher Kompetenzen. Ergebnisse der Fachtagung „Erfassen, Beurteilen und Zertifizieren non-formell und informell erworbener beruflicher Kompetenzen". Münster u.a. 2003, S. 169-185.

Erler, Wolfgang; Gerzer-Sass, Annemarie: Die Kompetenzbilanz: Trends und Perspektiven bei der Entwicklung – Aufbau und Arbeitsweise. In: BMFSFJ – Bundesministerium für Familie, Senioren, Frauen und Jugend (Hrsg.): Familienkompetenzen als Potenzial einer innovativen Personalentwicklung. Die Kompetenzbilanz: Kompetenzen aus informellen Lernorten erfassen und bewerten. Dokumentation. Berlin/Bonn 2002, S. 11-18.
URL: http://www.dji.de/bibs/Dokumentation.pdf (Stand: 27.02.2007)

Erpenbeck, John: Selbstgesteuertes, selbstorganisiertes Lernen. In: QUEM – Arbeitsgemeinschaft Qualifikations-Entwicklungs-Management (Hrsg.): Kompetenzentwicklung `97: Berufliche Weiterbildung in der Transformation – Fakten und Visionen. Kompetenzentwicklung; Bd. 2. Münster u.a. 1997, S. 309-316.

Erpenbeck, John; Heyse, Volker: Die Kompetenzbiographie: Strategien der Kompetenzentwicklung durch selbstorganisiertes Lernen und multimediale Kommunikation. QUEM – Arbeitsgemeinschaft Qualifikations-Entwicklungs-Management (Hrsg.): edition QUEM; Bd. 10. Münster u.a. 1999.

Erpenbeck, John; Sauer, Johannes: Das Forschungs- und Entwicklungsprogramm „Lernkultur Kompetenzentwicklung". In: QUEM – Arbeitsgemeinschaft Qualifikations-Entwicklungs-Management (Hrsg.): Kompetenzentwicklung 2000: Lernen im Wandel – Wandel durch Lernen. Kompetenzentwicklung; Bd. 5. Münster u.a. 2000, S. 289-335.

Erpenbeck, John; Sauer, Johannes: Das Forschungs- und Entwicklungsprogramm „Lernkultur Kompetenzentwicklung". In: ABWF – Arbeitsgemeinschaft Betriebliche Weiterbildungsforschung e.V. (Hrsg.): QUEM-report – Schriften zur beruflichen Weiterbildung: Arbeiten und Lernen. Lernkultur Kompetenzentwicklung und Innovative Arbeitsgestaltung. (Berlin), o. Jg. (2001), Nr. 67, S. 9-65.

Ertl, Hubert: Standardsetzung und Zertifizierung beruflicher Qualifikationen im Rahmen des Systems der „National Vocational Qualifications". Eine Betrachtung aus deutscher Sicht unter besonderer Berücksichtigung des Verfahrens zur Anerkennung beruflicher Vorleistungen (APL). In: ZBW – Zeitschrift für Berufs- und Wirtschaftspädagogik. (Stuttgart), 99. Jg. (2003), Nr. 3, S. 368-389.

Europäische Kommission: Lehren und Lernen *** Auf dem Weg zur kognitiven Gesellschaft. Weißbuch zur allgemeinen und beruflichen Bildung. o. O. 1995. KOM(95) 590.
URL: http://europa.eu/documents/comm/white_papers/pdf/com95_590_de.pdf (Stand: 04.04.2007)

Europäische Kommission – Generaldirektion Bildung und Kultur: Gemeinsame Europäische Grundsätze für die Validierung des nicht formalen und des informellen Lernens. Endgültiger Vorschlag der Arbeitsgruppe „H" des Objectives-Prozesses (Lernen muss attraktiver werden und engere Kontakte zur Arbeitswelt und zur Gesellschaft). Brüssel 2004. GD EAC B/1 JBJ.
URL: http://www.dipf.de/wbp/Grunds%E4tzef%FCrdieValidierung3.3.2004.pdf (Stand: 03.05.2007)

Europäisches Parlament und Rat der Europäischen Kommission: Beschluß Nr. 2493/95/EG des Europäischen Parlaments und des Rates vom 23. Oktober 1995 über die Veranstaltung eines Europäischen Jahres des lebensbegleitenden Lernens (1996). Brüssel 1995. 95/431/EG.
URL: http://eur-lex.europa.eu/smartapi/cgi/sga_doc?smartapi!celexplus!prod!DocNumber&lg=de&type_doc=Decision&an_doc=1995&nu_doc=2493 (Stand: 17.04.2007)

Faulstich, Peter; Vespermann, Per: Zertifikate in der Weiterbildung. Ergebnisse aus drei empirischen Explorationen. Arbeitsmarktpolitische Schriftenreihe der Senatsverwaltung für Arbeit, Soziales und Frauen; Bd. 45. Berlin 2001.

Literaturverzeichnis

Faure, Edgar et al.: Wie wir leben lernen. Der Unesco-Bericht über Ziele und Zukunft unserer Erziehungsprogramme. Reinbek b. Hamburg 1973.

Finegold, David; Soskice, David: The Failure of Training in Britain: Analysis and Prescription. Oxford Review of Economic Policy 1988, 4, S. 21-53.

Fletcher, Shirley: NVQs, Standards and Competence. A Practical Guide for Employers, Managers and Trainers. London 1991.

Frank, Irmgard: Stand der Erfassung und Dokumentation informell erworbener Kompetenzen. Informelles Lernen im Prozess der Arbeit. In: GdWZ – Grundlagen der Weiterbildung: Lehr-/Lerndesign. (Neuwied), 13. Jg. (2002), Nr. 6, S. 286-289.

Frank, Irmgard: Erfassung und Anerkennung informell erworbener Kompetenzen – Entwicklung und Perspektiven in Deutschland und in ausgewählten europäischen Ländern. In: Wittwer, Wolfgang; Kirchhof, Steffen (Hrsg.): Informelles Lernen und Weiterbildung. Neue Wege zur Kompetenzentwicklung. München/Unterschleißheim 2003, S. 168-209.

Frank, Irmgard: Bewertungsverfahren im Kontext individueller Kompetenzentwicklung – gangbare Wege. In: BWP – Berufsbildung in Wissenschaft und Praxis: Neue Prüfungsformen und Bewertungsverfahren. (Bielefeld), 32. Jg. (2004), Nr. 1, S. 32-35.

Frank, Irmgard: Einführungsrede. In: Frank, Irmgard; Gutschow, Katrin; Münchhausen, Gesa: Informelles Lernen. Verfahren zur Dokumentation und Anerkennung im Spannungsfeld von individuellen, betrieblichen und gesellschaftlichen Anforderungen. Fachtagung 30./31. März 2004 in Bonn. BIBB – Bundesinstitut für Berufsbildung (Hrsg.). Bielefeld 2005, S. 9-14.

Franke, Guido: Facetten der Kompetenzentwicklung. Bielefeld 2005.

Geißler, Karlheinz A.: Alle lernen alles – die Kolonisierung der Lebenswelt durchs Lernen. In: Wittwer, Wolfgang; Kirchhof, Steffen (Hrsg.): Informelles Lernen und Weiterbildung. Neue Wege zur Kompetenzentwicklung. München/Unterschleißheim 2003, S. 127-141.

Geißler, Karlheinz A.; Orthey, Michael: Kompetenz: Ein Begriff für das verwertbare Ungefähre. In: Nuissl, Ekkehard; Schiersmann, Christiane; Siebert, Horst (Hrsg.): Report – Literatur- und Forschungsreport Weiterbildung: Kompetenzentwicklung statt Bildungsziele? (Bielefeld), o. Jg. (2002), Nr. 49, S. 69-79.
URL: http://www.die-bonn.de/esprid/dokumente/doc-2002/nuissl02_02.pdf#page=69 (Stand: 03.05.2007)

Gerzer-Sass, Annemarie; Sass, Jürgen: Familienkompetenzen als Potential für eine innovative Personalpolitik. In: DJI – Deutsches Jugendinstitut e.V. (Hrsg.): DJI Bulletin. (München), o. Jg. (2003), Nr. 65, S. 4-7.

Gillen, Julia: Gestaltungsansätze in Modellversuchen zur Erfassung und Bewertung von Kompetenzen im Arbeitsprozess. In: Frank, Irmgard; Gutschow, Gesa; Münchhausen, Gesa: Informelles Lernen. Verfahren zur Dokumentation und Anerkennung im Spannungsfeld von individuellen, betrieblichen und gesellschaftlichen Anforderungen. Fachtagung 30./31. März 2004 in Bonn. BIBB – Bundesinstitut für Berufsbildung (Hrsg.). Bielefeld 2005, S. 93-112.

Grootings, Peter: Von Qualifikation zu Kompetenz: Wovon reden wir eigentlich? In: CEDEFOP – Europäisches Zentrum für die Förderung der Berufsbildung (Hrsg.): Europäische Zeitschrift für Berufsbildung: Kompetenz: Begriff und Fakten. (Thessaloniki), o.Jg. (1994), Nr. 1, S. 5-8.

Gutschow, Katrin: Erfassen, Beurteilen und Zertifizieren non-formell und informell erworbener beruflicher Kompetenzen in Frankreich: Die Rolle des bilan de compétences. In: Straka, Gerald A. (Hrsg.): Zertifizierung non-formell und informell erworbener beruflicher Kompetenzen. Ergebnisse der Fachtagung „Erfassen, Beurteilen und Zertifizieren non-formell und informell erworbener beruflicher Kompetenzen". Münster u.a. 2003, S. 127-139.

Haasler, Bernd; Schnitger, Meike: Kompetenzerfassung bei Arbeitssuchenden – eine explorative Studie unter besonderer Berücksichtigung des Sektors privater Arbeitsvermittlung in Deutschland. ITB-Arbeitspapiere Nr. 57. Institut Technik und Bildung, Universität Bremen. Bremen 2005.
URL: http://www.itb.uni-bremen.de/downloads/Publikationen/Arbeitspapiere/AP_57.pdf (Stand: 26.02.2007)

Haltia, Petri: Kompetenzbasierte Qualifikationen in Finnland – Organisation, Bewertung und Legitimität. In: CEDEFOP – Europäisches Zentrum für die Förderung der Berufsbildung (Hrsg.): Agora V. Ermittlung, Bewertung und Anerkennung nicht formal erworbener Kompetenzen. Cedefop Panorama Series; 48. Luxemburg 2002, S. 127-152.

Hanft, Anke; Müskens, Wolfgang: Zertifikate für selbst organisiertes Lernen. Hintergründe, Anforderungskriterien, Verbreitungschancen. In: QUEM-Bulletin. Berufliche Kompetenzentwicklung. (Berlin), o. Jg. (2003), Nr. 6, S. 11-14.
URL: http://www.abwf.de/content/main/publik/bulletin/2003/quem06-2003.pdf (Stand: 14.02.2007)

Hofer, Stefan: Internationale Kompetenzzertifizierung. Vergleichende Analysen und Rückschlüsse für ein deutsches System. Münster u.a. 2004.

Jessup, Gilbert: Outcomes. NVQs and the Emerging Model of Education and Training. London 1991.

Käpplinger, Bernd: Anerkennung von Kompetenzen: Definitionen, Kontexte und Praxiserfahrungen in Europa. Bonn 2002.
URL: http://www.die-bonn.de/esprid/dokumente/doc-2002/kaepplinger02_01.pdf (Stand: 20.02.2007)

Kath, Folkmar: Eröffnungsrede. In: Frank, Irmgard; Gutschow, Katrin; Münchhausen, Gesa: Informelles Lernen. Verfahren zur Dokumentation und Anerkennung im Spannungsfeld von individuellen, betrieblichen und gesellschaftlichen Anforderungen. Fachtagung 30./31. März 2004 in Bonn. BIBB – Bundesinstitut für Berufsbildung (Hrsg.). Bielefeld 2005, S. 7-8.

Kirchhöfer, Dieter: Informelles Lernen in alltäglichen Lebensführungen. Chance für berufliche Kompetenzentwicklung. QUEM – Arbeitsgemeinschaft Qualifikations-Entwicklungs-Management (Hrsg.): QUEM-report – Schriften zur beruflichen Weiterbildung. (Berlin), o. Jg. (2000), Nr. 66.

Kirchhöfer, Dieter: Perspektiven des Lernens im sozialen Umfeld. In: ABWF – Arbeitsgemeinschaft Betriebliche Weiterbildungsforschung e.V. (Hrsg.): Kompetenzentwicklung 2001: Tätigsein – Lernen – Innovation. Kompetenzentwicklung; Bd. 6. Münster u.a. 2001, S. 95-145.

Kirchhof, Steffen; Kreimeyer, Julia: Informelles Lernen im sozialen Umfeld – Lernende im Spannungsfeld zwischen individueller Kompetenzentwicklung und gesellschaftlicher Vereinnahmung. In: Wittwer, Wolfgang; Kirchhof, Steffen (Hrsg.): Informelles Lernen und Weiterbildung. Neue Wege zur Kompetenzentwicklung. München/Unterschleißheim 2003, S. 213-240.

Knoll, Jörg: Wer ist das Selbst? Zur Begrifflichkeit und zu den Wechselwirkungen beim selbstgesteuerten und selbstorganisierten Lernen. In: Dietrich, Stephan (Hrsg.): Selbstgesteuertes Lernen in der Weiterbildungspraxis: Ergebnisse und Erfahrungen aus dem Projekt SeGeL. Bielefeld 2001, S. 201-213.

Kommission der Europäischen Gemeinschaften: Memorandum über Lebenslanges Lernen. Arbeitsdokument der Kommissionsdienststellen. Brüssel 2000. SEK(2000) 1832.
URL: http://www.die-frankfurt.de/esprid/dokumente/doc-2000/EU00_01.pdf
(Stand: 20.03.2007)

Kommission der Europäischen Gemeinschaften: Einen europäischen Raum des lebenslangen Lernens schaffen. Mitteilung der Kommission. Brüssel 2001. KOM(2001) 678 endgültig.
URL: http://ec.europa.eu/education/policies/lll/life/communication/com_de.pdf
(Stand: 23.02.2007)

Kommission der Europäischen Gemeinschaften: Mitteilung der Kommission an den Rat, das Europäische Parlament, den Wirtschafts- und Sozialausschuss und den Ausschuss der Regionen. Aktionsplan der Kommission für Qualifikation und Mobilität. Brüssel 2002. KOM(2002)72 endgültig.
URL: http://europa.eu.int/eur-lex/de/com/cnc/2002/com2002_0072de01.pdf
(Stand: 17.04.2007)

Kommission der europäischen Gemeinschaften: Vorschlag für eine Entscheidung des Europäischen Parlaments und des Rates über ein einheitliches Rahmenkonzept zur Förderung der Transparenz von Qualifikationen und Kompetenzen (Europass). Brüssel 2003. KOM(2003)796 endgültig. 2003/0307 (COD).
URL:
http://eur-lex.europa.eu/LexUriServ/site/de/com/2003/com2003_0796de01.pdf

(Stand: 17.04.2007)

Kuwan, Helmut; Thebis, Frauke: Berichtssystem Weiterbildung IX. Ergebnisse der Repräsentativbefragung zur Weiterbildungssituation in Deutschland. BMBF – Bundesministerium für Bildung und Forschung (Hrsg.). Bonn/Berlin 2005.

Labruyère, Chantal: Validierung der durch Berufserfahrung erworbenen Kompetenzen. Vortrag bei der Fachtagung „Informelles Lernen" am 30./31. März 2004 in Bonn. URL: http://www.bibb.de/dokumente/pdf/a45_informelles-lernen_labruyere.pdf
(Stand: 23.02.2007)

Laur-Ernst, Ute: Analyse, Nutzen und Anerkennung informellen Lernens und beruflicher Erfahrung – wo liegen die Probleme? In: Dehnbostel, Peter; Novak, Hermann (Hrsg.): Arbeits- und erfahrungsorientierte Lernkonzepte. Berufsbildung zwischen innovativer Programmatik und offener Umsetzung; Bd. 18. Bielefeld 2000, S. 161-175.

Laur-Ernst, Ute: Informelles Lernen besser nutzen. In: BIBB – Bundesinstitut für Berufsbildung (Hrsg.): Kompetenzentwicklung – Lernen begleitet das Leben. Ergebnisse, Veröffentlichungen und Materialien aus dem BIBB. Bonn 2001a, S. 35-42.

Laur-Ernst, Ute: Informelles Lernen und berufliche Erfahrung – wo liegen die Probleme, wo die Forschungsfragen? In: BIBB – Bundesinstitut für Berufsbildung (Hrsg.): Kompetenzentwicklung – Lernen begleitet das Leben. Ergebnisse, Veröffentlichungen und Materialien aus dem BIBB. Bonn 2001b, S. 57-69.

Laur-Ernst, Ute: Informelles und formalisiertes Lernen in der Wissensgesellschaft: Wie lassen sich beide Lern- und Kompetenzbereiche gleichwertig anerkennen? In: BIBB – Bundesinstitut für Berufsbildung (Hrsg.): Kompetenzentwicklung – Lernen begleitet das Leben. Ergebnisse, Veröffentlichungen und Materialien aus dem BIBB. Bonn 2001c, S. 111-128.

Livingstone, David W.: Informelles Lernen in der Wissensgesellschaft. Erste kanadische Erhebung über informelles Lernverhalten. In: QUEM – Arbeitsgemeinschaft Qualifikations-Entwicklungs-Management (Hrsg.): QUEM-report – Schriften zur beruflichen Weiterbildung: Kompetenz für Europa. Wandel durch Lernen – Lernen im Wandel. Referate auf dem internationalen Fachkongress. (Berlin), o. Jg. (1999), Nr. 60, S. 65-91.

Marty, Res: Das Schweizerische Qualifikationshandbuch CH-Q. Konzept, Stand und Perspektiven. In: GdWZ – Grundlagen der Weiterbildung: Biografische Orientierung der Weiterbildung. (Neuwied), 12. Jg. (2001), Nr. 2, S. 78-81.

Merle, Vincent: Die Entwicklung der Validierungs- und Zertifizierungssysteme. Welche Modelle sind vorstellbar, und welche Herausforderungen birgt dieser Bereich für Frankreich? In: CEDEFOP – Europäisches Zentrum für die Förderung der Berufsbildung (Hrsg.): Europäische Zeitschrift für Berufsbildung: Was wissen wir? Die Erfassung arbeitsmarktrelevanter Kenntnisse, Fähigkeiten und Kompetenzen. (Thessaloniki), o. Jg. (1997), Nr. 12, S. 40-55.

Möding, Nori; Stickel, Matthias: Schweizerisches Qualifikationshandbuch. Portfolio für Jugendliche und Erwachsene zur Weiterentwicklung in Ausbildung und Beruf. In: Erpenbeck, John; Rosenstiel, Lutz von (Hrsg.): Handbuch Kompetenzmessung. Erkennen, verstehen und bewerten von Kompetenzen in der betrieblichen, pädagogischen und psychologischen Praxis. Stuttgart 2003, S. 556-562.

Moser, Klaus: Diagnostik beruflicher Kompetenzen. In: Straka, Gerald A. (Hrsg.): Zertifizierung non-formell und informell erworbener beruflicher Kompetenzen. Ergebnisse der Fachtagung „Erfassen, Beurteilen und Zertifizieren non-formell und informell erworbener beruflicher Kompetenzen". Münster u. a. 2003, S. 41-55.

Münchhausen, Gesa: Modelle aus nationaler Sicht. In: Frank, Irmgard; Gutschow, Katrin; Münchhausen, Gesa: Informelles Lernen. Verfahren zur Dokumentation und Anerkennung im Spannungsfeld von individuellen, betrieblichen und gesellschaftlichen Anforderungen. Fachtagung 30./31. März 2004 in Bonn. BIBB – Bundesinstitut für Berufsbildung (Hrsg.). Bielefeld 2005, S. 15-19.

Näf, Agathe: CH-Q: Ein Weissbuch der Kompetenzen. Von Fähigkeiten zu Qualifikationen. In: AM-Agenda (Zürich), o. Jg. (2000), Nr. 5, S. 39.
URL: http://www.derarbeitsmarkt.ch/upload/archiv/ama0539.pdf (Stand: 12.03.2007).

Nasta, Tony: How to Design a Vocational Curriculum. A Practical Guide for Schools and Colleges. London 1994.

Neuweg, Hans G.: Mehr lernen, als man sagen kann: Konzepte und didaktische Perspektiven impliziten Lernens. In: Unterrichtswissenschaft – Zeitschrift für Lernforschung: Lernen en passant – implizites Lernen. (Weinheim), 28. Jg. (2000), Nr. 3, S. 197-217.

Oerter, Rolf: Einleitung. In: Unterrichtswissenschaft – Zeitschrift für Lernforschung: Lernen en passant – implizites Lernen. (Weinheim), 28. Jg. (2000a), Nr. 3, S. 194-196.

Oerter, Rolf: Implizites Lernen beim Sprechen, Lesen und Schreiben. In: Unterrichtswissenschaft – Zeitschrift für Lernforschung: Lernen en passant – implizites Lernen. (Weinheim), 28. Jg. (2000b), Nr. 3, S. 239-256.

Overwien, Bernd: Informelles Lernen und Erfahrungslernen in der internationalen Diskussion: Begriffsbestimmungen, Debatten und Forschungsansätze. In: Rohs, Matthias (Hrsg.): Arbeitsprozessintegriertes Lernen: Neue Ansätze für die berufliche Bildung. Münster 2002, S. 13-36.

Overwien, Bernd: Das lernende Subjekt als Ausgangspunkt – Befreiungspädagogik und informelles Lernen. In: Witter, Wolfgang; Kirchhof, Steffen (Hrsg.): Informelles Lernen und Weiterbildung. Neue Wege zur Kompetenzentwicklung. München/Unterschleißheim 2003, S. 43-70.

Overwien, Bernd: Stichwort: Informelles Lernen. In: ZfE – Zeitschrift für Erziehungswissenschaft: Neue Lernkultur. (Wiesbaden), 8. Jg. (2005), S. 339-355.

Preißer, Rüdiger: Erfassung, Bewertung und Anerkennung von informellen Kompetenzen als Teil des lebenslangen Lernens in Deutschland. In: TiBi – Trends in Bildung international: Nichtformale Bildung und Wissensgesellschaft. (o. O.), o. Jg. (2005), Nr. 10, S. 1-12.
URL: http://www.dipf.de/publikationen/tibi/tibi10_preisser.pdf (Stand: 24.02.2007)

QCA – Qualifications and Curriculum Authority: Arrangements for the statutory regulation of external qualifications in England, Wales and Northern Ireland. London 2000.

Reetz, Lothar: Kompetenz. In: Kaiser, Franz-Josef; Pätzold, Günter (Hrsg.): Wörterbuch Berufs- und Wirtschaftspädagogik; 2. Aufl., Bad Heilbrunn 2006, S. 305-307.

Reischmann, Jost: Die Kehrseite der Professionalisierung in der Erwachsenenbildung. Lernen „en passant" – die vergessene Dimension. In: GdWZ – Grundlagen der Weiterbildung: Lernen. (Neuwied), 6. Jg. (1995), Nr. 4, S. 200-204.

Reitnauer, Jochen: Die qualifizierende Anerkennung beruflich erworbener Kompetenzen in Frankreich: „La validation des acquis professionnels". In: Rothe, Georg: Die Systeme beruflicher Qualifizierung Deutschlands, Österreichs und der Schweiz im Vergleich. Kompendium zur Aus- und Weiterbildung unter Einschluß der Problematik Lebensbegleitendes Lernen. Villingen-Schwenningen 2001, S. 740-743.

Reitnauer, Jochen: Erfahrungslernen als gleichwertige Komponente im Bildungssystem. Das französische System der qualifizierenden Anerkennung beruflich und außerberuflich erworbener Kompetenzen. In: Rothe, Georg: Alternanz – die EU-Konzeption für die Berufsausbildung: Erfahrungslernen Hand in Hand mit Abschnitten systematischer Ausbildung; dargestellt unter Einbeziehung aus Ländervergleichen. Karlsruhe 2004, S. 132-136.

Reuther, Ursula: Lernen im Prozess der Arbeit. Erforschen – Gestalten – Bewerten. In: QUEM-Bulletin. Berufliche Kompetenzentwicklung. (Berlin), o. Jg. (2006), Nr. 5, S. 1-8.
URL: http://www.abwf.de/content/main/publik/bulletin/2006/B-05-06.pdf (Stand: 04.04.2007)

Sauer, Johannes: Genese des Forschungs- und Entwicklungsprogramms „Lernkultur Kompetenzentwicklung". In: QUEM-Bulletin. Berufliche Kompetenzentwicklung: Lernen im Wandel – Wandel durch Lernen. „Lernkultur Kompetenzentwicklung". (Berlin), o. Jg. (2000), Nr. 5, S. 4-8.
URL: http://www.abwf.de/content/main/publik/bulletin/2000/quem05-2000.pdf (Stand: 25.03.2007)

Sauer, Johannes: Welche Bedeutung hat Kompetenzerhebung im Rahmen lebensbegleitenden Lernens? In: Straka, Gerald A. (Hrsg.): Zertifizierung non-formell und informell erworbener beruflicher Kompetenzen. Ergebnisse der Fachtagung „Erfassen, Beurteilen und Zertifizieren non-formell und informell erworbener beruflicher Kompetenzen. Münster u.a. 2003, S. 19-25.

Literaturverzeichnis

Schiersmann, Christiane; Strauß, Hans C.: Informelles Lernen – der Königsweg zum lebenslangen Lernen? In: Wittwer, Wolfgang; Kirchhof, Steffen (Hrsg.): Informelles Lernen und Weiterbildung. Neue Wege zur Kompetenzentwicklung. München/ Unterschleißheim 2003, S. 145-167.

Seusing, Beate; Back, Hans-Jürgen: Länderstudie im Rahmen des BLK-Verbundprojektes „Weiterbildungspass mit Zertifizierung informellen Lernens". Finnland. Teilbericht zur Machbarkeitsstudie. IES – Institut für Entwicklungsplanung und Strukturforschung GmbH an der Universität Hannover. Hannover 2003.
URL: http://www.dipf.de/wbp/Anlagenband/LaenderstudieFinnland.pdf
(Stand: 05.03.2007)

Severing, Eckart: Lernen im Arbeitsprozess. Eine pädagogische Herausforderung. In: GdWZ – Grundlagen der Weiterbildung: Arbeitsplatznahe Weiterbildung. (Neuwied), 14. Jg. (2003), Nr. 1, S. 1-4.

Straka, Gerald A.: Lernen unter informellen Bedingungen (informelles Lernen). Begriffsbestimmung, Diskussion in Deutschland, Evaluation und Desiderate. In: QUEM – Arbeitsgemeinschaft Betriebliche Weiterbildungsforschung (Hrsg.): Kompetenzentwicklung 2000: Lernen im Wandel – Wandel durch Lernen. Kompetenzentwicklung; Bd. 5. Münster u.a. 2000, S. 15-70.

Straka, Gerald A.: Denn sie wissen nicht, was sie tun – Lernen im Prozess der Arbeit. Motivationale und organisationale Bedingungen. In: ABWF – Arbeitsgemeinschaft Betriebliche Weiterbildungsforschung e.V. (Hrsg.): QUEM-report – Schriften zur beruflichen Weiterbildung: Arbeiten und Lernen. Lernkultur Kompetenzentwicklung und Innovative Arbeitsgestaltung. (Berlin), o. Jg. (2001), Nr. 67, S. 161-167.

Thömmes, Jürgen: Bilan de compétences. In: Erpenbeck, John; Rosenstiel, Lutz von (Hrsg.): Handbuch Kompetenzmessung. Erkennen, verstehen und bewerten von Kompetenzen in der betrieblichen, pädagogischen und psychologischen Praxis. Stuttgart 2003, S. 545–555.

Thömmes, Jürgen; Kop, Jean-Luc: Der „bilan de compétences" in Frankreich: ein eigenständiges eignungsdiagnostisches Instrument der Potentialbeurteilung. In: Rosenstiel, Lutz von; Lang-von Wins, Thomas (Hrsg.): Perspektiven der Potentialbeurteilung. Göttingen 2000, S. 201-223.

Triby, Emmanuel: Validierung von Erfahrungen – Umwandlungen und Implikationen. In: CEDEFOP – Europäisches Zentrum für die Förderung der Berufsbildung (Hrsg.): Europäische Zeitschrift für Berufsbildung: Dossier Redcom. Naturwissenschaftliche Studien in Europa: auch ein Thema für die Berufsbildung. (Thessaloniki), o. Jg. (2005), Nr. 35, S. 49-62.

Trier, Matthias: Erhalt und Entwicklung von Kompetenz in einer sich wandelnden Gesellschaft durch Tätigkeit und Lernen im sozialen Umfeld. In: QUEM – Arbeitsgemeinschaft Qualifikations-Entwicklungs-Management (Hrsg.): Kompetenzentwicklung '98: Forschungsstand und Forschungsperspektiven. Kompetenzentwicklung; Bd. 3. Münster u.a. 1998, S. 209-268.

Trier, Matthias et al.: Lernen im sozialen Umfeld. Entwicklung individueller Handlungskompetenz. Positionen und Ergebnisse praktischer Projektgestaltung. ABWF – Arbeitsgemeinschaft Betriebliche Weiterbildungsforschung e.V. (Hrsg.): Quem-report – Schriften zur beruflichen Weiterbildung. (Berlin), o. Jg. (2001), Nr. 70.

Weinert, Franz: Selbstgesteuertes Lernen als Voraussetzung, Methode und Ziel des Unterrichts. In: Unterrichtswissenschaft – Zeitschrift für Lernforschung in Schule und Weiterbildung: Selbstgesteuertes Lernen. (München), 10. Jg. (1982), Nr. 2, S. 97-110.

Weiß, Reinhold: Erfassung und Bewertung von Kompetenzen – empirische und konzeptionelle Probleme. In: QUEM – Arbeitsgemeinschaft Qualifikations-Entwicklungs-Management (Hrsg.): Kompetenzentwicklung '99: Aspekte einer neuen Lernkultur: Argumente, Erfahrungen, Konsequenzen. Kompetenzentwicklung; Bd. 4. Münster u.a. 1999, S. 433-493.

Weiß Reinhold: Erfassung und Bewertung informell erworbener Kompetenzen – Realistische Möglichkeit oder bildungspolitische Utopie? In: Cuvry, Andrea de et al. (Hrsg.): Erlebnis Erwachsenenbildung: Zur Aktualität handlungsorientierter Pädagogik. Neuwied 2000, S. 176-191.

Weiß, Reinhold: Validierung von Kompetenzen – eine Ergänzung der Zertifizierung? In: ABWF – Arbeitsgemeinschaft Betriebliche Weiterbildungsforschung e.V. (Hrsg.): Quem-report – Schriften zur beruflichen Weiterbildung: Arbeiten und Lernen. Lernkultur Kompetenzentwicklung und Innovative Arbeitsgestaltung. (Berlin), o. Jg. (2001), Nr. 67, S. 185-190.

Weiß, Reinhold: Außerberuflich erworbene Kompetenzen und ihre Bedeutung für die Personalpolitik. In: BMFSFJ – Bundesministerium für Familie, Senioren, Frauen und Jugend (Hrsg.): Familienkompetenzen als Potenzial einer innovativen Personalentwicklung. Die Kompetenzbilanz: Kompetenzen aus informellen Lernorten erfassen und bewerten. Dokumentation. Berlin/Bonn 2002, S. 61-64.
URL: http://www.dji.de/bibs/Dokumentation.pdf (Stand: 16.03.2007)

Wettstein, Emil: Anerkennung fremder Lernleistungen in der Schweiz. In: Straka, Gerald A. (Hrsg.): Zertifizierung non-formell und informell erworbener beruflicher Kompetenzen. Ergebnisse der Fachtagung „Erfassen, Beurteilen und Zertifizieren non-formell und informell erworbener beruflicher Kompetenzen". Münster u.a. 2003, S. 153-164.

Winkler, Katrin; Mandl, Heinz: Kognitions- und lernpsychologische Zugänge zum informellen Lernen. In: Künzel, Klaus (Hrsg.): Internationales Jahrbuch der Erwachsenenbildung. Informelles Lernen – Selbstbildung und soziale Praxis; Bd. 31/32. Köln 2005, S. 47-60.

Wittwer, Wolfgang: „Lern für die Zeit, wird tüchtig fürs Haus. Gewappnet ins Leben trittst du hinaus" – Förderung der Nachhaltigkeit informellen Lernens durch individuelle Kompetenzentwicklung. In: Wittwer, Wolfgang; Kirchhof, Steffen (Hrsg.): Informelles Lernen und Weiterbildung. Neue Wege zur Kompetenzentwicklung. München/Unterschleißheim 2003, S. 13-41.

Wolter, Andrä: Formale Studienberechtigung und non-formale Bildung in der Lebensspanne – Das Beispiel der Studienzulassung nicht-traditioneller Studierender. In: Straka, Gerald A. (Hrsg.): Zertifizierung non-formell und informell erworbener beruflicher Kompetenzen. Ergebnisse der Fachtagung „Erfassen, Beurteilen und Zertifizieren non-formell und informell erworbener beruflicher Kompetenzen". Münster u.a. 2003, S. 83-99.

Yrjölä, Pentti: Anerkennung und Zertifizierung kompetenzbasierter Qualifikationen im finnischen Berufsbildungssystem. In: Ministerium für Bildung, Kultur und Wissenschaft des Saarlandes (Hrsg.): Bildungspässe – Machbarkeit und Gestaltungsmöglichkeiten. Tagungsband des internationalen Fachkongresses vom 21./22. Januar 2003 in Saarbrücken. Saarbrücken 2003, S. 49-52.
URL: http://www.bildungsbuero-koeln.de/pdf/Bildungspaesse.pdf (Stand: 01.05.2007)

Autorenprofil

Anna Stegemann, geb. 1982, Diplom-Pädagogin, Studium der Erziehungswissenschaften an der Universität Duisburg-Essen, Schwerpunkt Erwachsenenbildung/ Bildungsberatung am Institut für Berufs- und Weiterbildung. Abschluss 2007 als Diplom-Pädagogin.